KATHRIN HANKE

Die Giftmörderin Grete Beier

MÖRDERISCHE LIEBE Sachsen Anfang des 20. Jahrhunderts – die Hinrichtung der erst 22-jährigen Grete Beier löste eine heftige Diskussion aus, sowohl über die gesellschaftlichen Konventionen jener Zeit, als auch über die Todesstrafe, an der sich selbst Literaten wie Kurt Tucholsky beteiligten. Jetzt, über 100 Jahre später, erzählt Kathrin Hanke die aufwühlende Lebensgeschichte der jungen Frau erneut: Es ist Liebe auf den ersten Blick. Der Mann mit den stahlblauen Augen nimmt sie sofort ein. Doch Hans Merker ist nur ein einfacher Angestellter und damit nicht standesgemäß für die Bürgermeistertochter aus Brand bei Freiberg. Das junge Paar muss sich heimlich treffen, bis Hans anfängt, seiner Geliebten untreu zu sein. Aus Rache lässt Grete sich mit dem vermögenden Curt Preßler ein. Ihre Eltern sind begeistert und hastig wird Verlobung gefeiert. Doch Grete kann Hans nicht vergessen, zumal Preßler sie schnell anwidert. Bald landet sie wieder in Merkers Armen – und wird schwanger. Das Drama nimmt seinen Lauf. Liebe und Verzweiflung lassen Grete Beier einen Plan fassen, der nicht nur ihr am Ende zum grausamen Verhängnis wird.

© privat

Kathrin Hanke schreibt seit über einem Jahrzehnt als freie Autorin erfolgreich Krimis. Bekannt wurde sie vor allem durch ihre Heidekrimis rund um das Team des Ermittlerduos Katharina von Hagemann und Benjamin Rehder, sowie ihre True Crime Bücher, die sie in die Tiefen von Archiven steigen lassen und in enger Zusammenarbeit mit der Polizei und Museen entstehen. Kathrin Hanke ist Mitglied im Syndikat, der Autorengruppe deutschsprachiger Kriminalliteratur sowie aktiv bei den Mörderischen Schwestern, dem gemeinnützigen Verein zur Förderung der von Frauen geschriebenen, deutschsprachigen Kriminalliteratur.

KATHRIN HANKE

Die Giftmörderin Grete Beier

BIOGRAFISCHER KRIMINALROMAN

GMEINER

Personen und Handlung sind zu Teilen fiktional.

Die automatisierte Analyse des Werkes, um daraus Informationen insbesondere über Muster, Trends und Korrelationen gemäß § 44b UrhG (»Text und Data Mining«) zu gewinnen, ist untersagt.

Bei Fragen zur Produktsicherheit gemäß der Verordnung über die allgemeine Produktsicherheit (GPSR) wenden Sie sich bitte an den Verlag.

Immer informiert

Spannung pur – mit unserem Newsletter informieren wir Sie regelmäßig über Wissenswertes aus unserer Bücherwelt.

Gefällt mir!

Facebook: @Gmeiner.Verlag
Instagram: @gmeinerverlag

Besuchen Sie uns im Internet:
www.gmeiner-verlag.de

© 2017 – Gmeiner-Verlag GmbH
Im Ehnried 5, 88605 Meßkirch
Telefon 0 75 75 / 20 95 - 0
info@gmeiner-verlag.de
Alle Rechte vorbehalten
2. Auflage 2025

Lektorat: Claudia Senghaas, Kirchardt
Satz: Mirjam Hecht
Umschlaggestaltung: U.O.R.G. Lutz Eberle, Stuttgart
unter Verwendung eines Fotos von: © Landeshauptstadtarchiv Dresden:
Bestandsnummer 11121 – Staatsanwaltschaft beim Landgericht Freiberg
Druck: Custom Printing Warschau
Printed in Poland
ISBN 978-3-8392-2124-2

Für meinen Vater

»Ich war in den Augen der Herren, die mich ausfragten, selbst Dr. Nerlich nicht ausgenommen, entweder eine ruchlose Verbrecherin oder ›ein interessanter Fall‹. Das Erstere machte mich verstockt, das Letztere machte mich eitel. Ich kann nicht leugnen, dass ich mich zeitweilig als eine Romanheldin betrachtet und damit zeitweilig mein Gewissen beruhigt habe.«

(Marie Margarete Beier über das Geschehen, 1907)

PROLOG
13. MAI 1907

Sie hörte die Wohnungstür. Er war wieder da. Ihr ekelte bei dem Gedanken, dass er sich gerade auf dem Abort im Hausflur auf halber Treppe erleichtert hatte. Ihr ekelte vor dem ganzen Mann, der bald ihrer sein sollte. Gerade vorhin noch, als er vom Kaffeetisch aufgestanden und zu der Ottomane gegangen war, hatte er sie betatscht. Sie hatte sich ihm entzogen, woraufhin er gesagt hatte: »Nun stell dich nicht so an. Bald sind wir verheiratet, und dann gehörst du sowieso mir. Warum also jetzt noch weiter warten? Ich habe dieses Warten satt. Außerdem wären wir schon lange verheiratet, wenn dein Vater nicht krank geworden wäre.«

»Aber sieh es doch einmal so«, hatte sie ihm mit einer Stimme erwidert, in der ein Versprechen gelegen hatte, »das würde doch die ganze Vorfreude auf unsere Hochzeitsnacht zunichtemachen. Und gerade diese Nacht ist doch die wichtigste unter Eheleuten. Und die aufregendste ...«

Sie hatte werbend gelächelt und inständig gehofft, ihre Worte würden bei ihm Gehör finden. Nicht, weil sie so sittsam war. Sie hatte einfach nicht gewollt, dass er sie mit seinen weichen, kurzen, etwas speckigen Händen befingerte. Bis auf ein paar harmlosere Zärtlichkeiten, die sie regelmäßig über sich ergehen ließ, hatte sie es stets geschafft, ihn im Zaum zu halten. Gerade war er jedoch sehr hartnäckig gewesen – zunächst in seinen Andeutungen und dann in seinen Forderungen. Er widerte sie an – seine Gestalt, seine Art, einfach alles! Außerdem stand er ihrem Glück im Weg. Sie hatte das Spiel lange genug mitgemacht. Sie konnte einfach nicht mehr. Sie trug sich schon seit geraumer Zeit mit dem Gedanken, dem allen ein Ende zu setzen, und so war sie heute bereits mit dem Entschluss hierhergekommen, ihn sich vom Hals zu schaffen, hatte aber nicht gewusst, ob sie es auch wirklich machen und ihr nicht der Mut fehlen würde. Als er dann allerdings eben auf das, was sie ihm für die Hochzeitsnacht in Aussicht gestellt hatte, geantwortet hatte: »Vielleicht hast du recht, aber eines sage ich dir: Wir heiraten bald, ganz egal, ob dein Vater krank ist oder nicht. Und falls dein Vater stirbt, warte ich auf keinen Fall das Trauerjahr ab, um dich vor den Altar zu führen und endgültig in mein Bett zu holen«, hatte sie an das Gift und den geladenen Revolver in ihrer Tasche denken müssen und war sich ihrer Sache absolut sicher gewesen: Heute würde er sterben. Unabhängig davon, dass sie an anderer Stelle ein Versprechen zu halten hatte, hatten seine Worte sie einfach zu tief verletzt, gingen sie doch auch gegen ihren Vater – sie waren der berühmte Tropfen gewesen, der das Fass zum Überlaufen gebracht hatte.

Während sie sich noch gesammelt und versucht hatte, sich nichts von ihrer Wut anmerken zu lassen, war er von der Ottomane aufgestanden, auf die er sie zuvor hatte ziehen wollen, und an das Vertiko herangetreten. Er hatte dessen Schranktüren geöffnet und mit der einen Hand zwei kleine Gläser herausgeholt. Mit der anderen Hand hatte er eine noch ungeöffnete Flasche Eierlikör gegriffen und sie vor ihren Augen geschwenkt.

»Vielleicht macht dich das ja etwas lockerer und stimmt dich um«, hatte er siegessicher gelacht, und sie hatte sich zusammenreißen müssen, sich nicht vor Abscheu zu schütteln. Sie hasste diesen Mann.

»Schenk uns schon einmal etwas ein, ich bin gleich wieder da«, hatte er gesagt und alles auf den Tisch gestellt, an dem sie vorhin noch gemeinsam Kaffee getrunken hatten. Dann war er zur Tür hinaus und die halbe Treppe hinuntergegangen. In ihrem Kopf hatten die Gedanken in diesem Moment angefangen, aus allen möglichen Richtungen Purzelbäume zu schlagen, um sich Sekunden später zu einem einzigen großen zusammenzufügen: »Jetzt oder nie!« Dann hatte sie gehandelt. Getragen von der Wut auf ihn, hatte sie, ohne zu zaudern, eines der Gläser erst mit Eierlikör gefüllt und dann das mitgebrachte Zyankali direkt aus dem Fläschchen hineinrieseln lassen. Damit sich die todbringenden Kristalle schnell auflösten, hatte sie sich einen Löffel von dem noch nicht abgeräumten Kaffeegeschirr gegriffen und damit das Gift in den Likör eingerührt. Als sie jetzt die Wohnungstür gehen hörte, wusste sie, dass sie nicht mehr tun konnte. Hastig zog sie den Löffel aus dem Glas und fast hätte sie ihn aus Gewohnheit sauber geleckt, doch eben noch rechtzeitig besann sie sich und wischte den Kaffeelöffel an ihrem Unterrock ab. Gerade als sie ihn wieder auf den Tisch zum Geschirr legte, betrat er das Zimmer. Er ließ sich wie zuvor auf der Ottomane nieder und klopfte auf das Polster neben sich: »Na, nun komm doch mal her zu mir – wenigstens ein bisschen herzen können wir uns doch. Und was ist mit dem Eierlikör? Ich sehe nur ein gefülltes Glas.«

»Ach, ich trinke besser keinen, du berauschst mich schon genug«, sagte sie, als hätte sie während seiner kurzen Abwesenheit ihre Meinung zu Intimitäten geändert. Er schürzte seine Lippen und ließ seine Zungenspitze über die Zähne gleiten wie ein Tier, das gleich seine Beute erlegt. Wieder stieg Ekel in ihr auf, und sie musste sich zusammenreißen, sich nicht vor Abscheu zu schütteln. Stattdessen griff sie das Glas Eierlikör vom Kaffeetisch, setzte ein verführerisches Lächeln auf und wiegte sich in den Hüften, als sie auf ihn zuging und ihm das vergiftete Getränk reichte.

»Danke«, erwiderte er und führte das Likörglas an seinen Mund. Ihr stockte der Atem, als er trank. Würde der zuckerige Eierlikör den bitteren Geschmack des Giftes verdecken? Während sie noch darauf hoffte, hatte er bereits die tödliche Mischung geschluckt. Seine Augen weiteten sich und fixierten sie, doch bevor die Erkenntnis, dass seine Braut ihn vergiftet hatte, sein Hirn erreichte, fielen ihm die Lider schwer hinab und er sackte in sich zusammen. Das Likörglas glitt ihm aus der Hand, während er nach hinten kippte, wo er von der Rückenlehne der Ottomane gestoppt wurde. Obwohl er seine Augen geschlossen hatte, hatte sie das Gefühl, dass diese weiterhin vorwurfsvoll auf ihre Person gerichtet waren. Sie stand wie erstarrt vor ihm. War er jetzt tot? Konnte es wirklich so leicht gewesen sein? Oder war die Dosis zu gering gewesen? Vorsichtig trat sie dicht an ihn heran. Vielleicht tat er auch nur so, als sei er tot, und seine Sinne verfolgten jede ihrer Regungen. Was, wenn er sie gleich am Handgelenk packen würde? Oder seine Augen öffnete, die tief in ihren Höhlen lagen und von buschigen Augenbrauen überdacht waren? Sie drehte ihren Kopf weg. Der Anblick gruselte sie. Ihr Blick fiel auf eine der Servietten auf dem Kaffeetisch. Mit einer Handbewegung griff sie sich das Tuch und verband dem Daliegenden die Augen. Erst zaghaft, doch als er keine Regung machte, atmete sie erleichtert auf und drapierte das Tuch mit flinken Fingern um seinen Kopf, sodass es nicht verrutschen konnte. Wenn er nur bewusstlos war und gleich die Augen wieder aufmachen würde, konnte er wenigstens nichts sehen. Sie nicht sehen. Dafür sah sie von seinem Gesicht jetzt nur noch den offen stehenden Mund, doch das machte ihr nichts. Wieder überlegte sie, ob er wirklich tot war oder vielleicht nur ohnmächtig. Ich muss schnell machen, dachte sie, die von vornherein auf Nummer sicher hatte gehen wollen, auch wenn sie noch nicht gewusst hatte, wann das sein würde, und ob sie es überhaupt tun könnte. Jetzt war sie aber den ersten Schritt gegangen und musste auch den zweiten gehen. Danach war sie frei. Sie holte den Revolver aus ihrer Tasche, die etwas versteckt neben dem Vertiko stand. Sie entsicherte ihn, steckte den Lauf weit hinein in den geöffneten Mund ihres Bräutigams und drückte ab. In Sekundenschnelle verbreitete sich Blut auf dem Polster der Ottomane. Fast wäre sie durch den Rückstoß gestrauchelt und konnte sich gerade noch fangen. Der Schuss war ohrenbetäubend gewesen. Ob ihn jemand im Haus als Revolverschuss erkannt hatte? In ihren Ohren rauschte es vom Knall. Sie musterte den Revolver für einen Augenblick, dann platzierte sie ihn so, als wäre er dem Toten aus der Hand geglitten – ähnlich wie das leere Likörglas, das sie jetzt aufhob. Sie stand auf, räumte ihr Gedeck vom Kaffeetisch, spülte es zusammen mit dem Glas ab, stellte alles genauso wie die Eierlikörflasche ordentlich in das Vertiko zurück, nahm ihre Tasche auf, holte zwei Schreiben heraus und legte sie fein säuberlich auf den Tisch. Ihr Bräutigam hatte seine vermeintliche Liebe zu ihr nicht nur mit dem Leben bezahlt, er würde auch noch nach seinem Tod dafür bezahlen müssen.

Sie schaute nicht zurück, als sie die Wohnung ungesehen verließ, dafür wanderten ihre Gedanken in die Vergangenheit und sie fragte sich, was passiert war. Wie war sie zu einer kaltblütigen Mörderin geworden?

»*Es gibt kaum etwas in diesem Drama, von dem man sagen kann: So war es. Vor allem halte ich eine Feststellung der Motive im Falle Beier für ausgeschlossen. Man kann nur glauben oder nicht glauben.*«

(Rechtsanwalt Glaser, Dresden 1909)

1. LIEBE AUF DEN ERSTEN BLICK
25. FEBRUAR 1905

»Siehst du den da hinten, Berti? Das ist mal ein Mann«, raunte Marie Margarethe Beier, die von allen nur Grete genannt wurde, ihrer Freundin Berta Winkler zu – sie waren gemeinsam mit anderen Freunden auf dem Maskenball des Kaufmännischen Vereins in Freiberg. Grete musste kichern, als sie sah, wie Bertas Gesicht sich nach ihren Worten sekundenschnell vom Hals an aufsteigend rötlich verfärbte. Das passierte ständig, wenn sie in Gesellschaft in eindeutiger Weise auf das andere Geschlecht zu sprechen kamen. Waren die beiden jungen Frauen hingegen allein, hörte Berta ihrer Freundin, die sie seit den ersten Schultagen kannte, stets mit großen Augen interessiert zu. Ganz ohne rot zu werden. Grete selbst kannte solche Anwandlungen von Scham überhaupt nicht. Die aschblonde 19-Jährige mit dem engelsgleichen Gesicht und den großen, runden blauen Augen hatte – spätestens seit sie aus dem Kindesalter heraus war – jede Menge Verehrer und genoss immer wieder das Spiel mit ihnen.

»Ach Berti, nun hab dich nicht so. Wenn du dich weiter mit den Männern so anstellst, dann endest du noch als alte Jungfer«, sagte sie jetzt noch immer lachend, wobei sie ihren Blick wieder dem jungen Mann zuwandte, der selbstbewusst an der gegenüberliegenden Ecke zusammen mit einem anderen jungen Mann an der Wand lehnte. Grete nahm an, dass sie befreundet waren, da beide als Musketiere verkleidet waren. Auch von Weitem sah man den Gewändern an, dass sie schon bessere Tage erlebt hatten, doch das störte Grete nicht. Sie war nicht hier, um sich einen Ehemann zu suchen, sondern um sich zu amüsieren und so, wie der junge Mann sie aus seinen durchdringenden Augen ansah, schien er der richtige Kandidat dafür zu sein. Grete kam er nicht viel größer vor als sie selbst. Dabei wirkte er jedoch ausgesprochen kräftig, was ihr ausnehmend gut gefiel. Genauso wie sein rundes Gesicht mit der schmalen Nase. Jetzt öffnete er seinen Mund, der von einem blonden Bart umrahmt war, und grinste sie unverhohlen an, wobei Grete einige Zahnlücken ausmachen konnte. Als er sein Glas in ihre Richtung erhob, wurde sein Grinsen noch breiter. Sie tat es ihm gleich und lächelte dabei kokett.

»Grete, du prostest diesem Musketier doch wohl nicht zu«, kommentierte Berta das Verhalten ihrer Freundin.

»Warum nicht? Und schau mal seinen Freund an, vielleicht ist er ja was für dich«, lachte Grete frei heraus und nahm einen Schluck aus ihrem Sektkelch.

»Aber Grete, die sehen nicht gerade so aus, als seien sie standesgemäß!«, erwiderte Berta leicht pikiert und führte ebenfalls ihr Glas zum Mund.

»Oh Berti, du hörst dich an wie unsere Mütter! Du sollst ihn doch nicht gleich heiraten! Nur heute ein wenig Spaß haben.«

»Grete!«, entfuhr es Berta Winkler, wobei sie sich vor leichtem Entsetzen an dem Prickelwasser in ihrer

Kehle verschluckte. Wieder musste Grete lachen, behielt jedoch den Blick auf den Musketier gerichtet. Der Mann gefiel ihr wirklich außergewöhnlich gut. Selbst die Zahnlücken störten nicht weiter – irgendwo hatte doch jeder einen Makel. Wie er wohl ohne sein Kostüm in normaler Alltagskleidung aussah?

Gretes Gedanken schweiften ab. Sie musste an Fritz Oelzner denken. Er war auch mit ihnen hier, aber sie hatte ihn zu ihrer Erleichterung schon länger nicht gesehen. Er war so ein ganz anderer Typ als der Mann dort drüben, der sie mit seinen stahlblauen Augen weiterhin fixierte. Fritz war aus gutem Hause. Er war blond und blauäugig, aber eher von schlaksiger Gestalt. Inzwischen wusste sie selbst nicht mehr, was sie an ihm gefunden hatte. Allein die Vorstellung, dass er sie vor noch nicht allzu langer Zeit alles andere als züchtig berührt hatte, ließ sie erschauern – weniger vor wonniger Erinnerung als vor Abneigung. Grete war froh, mit dem unwesentlich älteren Jungen unlängst gebrochen zu haben – er hatte es zwar noch nicht ganz verstanden, aber das würde er schon noch. Für sie war die Sache auf jeden Fall erledigt. Dabei hatte alles so harmlos angefangen. Es war in der Tanzschule gewesen, die sie und Berta, so wie es in ihren Kreisen üblich war, kurz nach ihrer Konfirmation besucht hatten. Gleich in einer der ersten Stunden hatte Fritz sie aufgefordert. Sie lachten bei ihren holperigen ersten Tanzschritten viel, und von Tanzstunde zu Tanzstunde hatte Grete sich mehr zu ihm hingezogen gefühlt, obwohl sie schnell merkte, dass er trotz des Besuchs des Gymnasiums nicht der Hellste war. Sie hatten einfach so viel Spaß miteinander, und vor allem fraß Fritz Oelzner ihr aus der Hand. Bald hatten sie sich auch abseits der Tanzschule häufiger getroffen, allerdings unter den Augen ihrer Eltern, wie es sich gehörte. Nachdem er ihr bei einem dieser Treffen verwegen ins Ohr geraunt hatte, dass er sie liebe, meinte auch sie, verliebt in ihn zu sein. Fortan waren ihre Treffen noch inniger, und sie warfen sich beim gemeinsamen Teetrinken mit Gretes Eltern heiße Blicke zu oder berührten sich während ausgedehnter Familienspaziergänge wie zufällig. Das war Gretes Mutter jedoch nicht verborgen geblieben. Ida Beier hatte dem zunehmenden Geturtel schnell einen Riegel vorgeschoben und ihre Tochter die Welt nicht mehr verstanden. Warum sollte sie Fritz nicht mehr sehen?

»Was hast du gegen ihn?«, hatte sie die Mutter unter Tränen am Abendbrottisch gefragt. »Fritz passt doch gut zu mir. Wir lieben uns!«

Ida Beier hatte ihrer Tochter zunächst keine Antwort gegeben, dafür aber mit einem Blick bedacht, der Bände sprach. Gretes Vater hatte dabei mit gesenktem Kopf auf seinen Teller gestarrt, als hätte er noch nie ein Perlhuhnbrüstchen gesehen. Gretes Blick war nach einer Begründung suchend von einem zum anderen gewandert. Gönnte ihr die Mutter etwa ihre Liebe nicht? Nur, weil sie selbst eine gefühlskalte Ehe führte? Grete hatte zu diesem Zeitpunkt bereits gewusst, dass ihre Eltern hatten heiraten müssen. Als ihre Großmutter noch gelebt hatte, hatte sie ihr erzählt, dass Ida Beier bei ihrer Heirat bereits mit Grete schwanger gewesen war. Die Großmutter hatte ihr damit die Lieblosigkeit, die zwischen den Eltern herrschte, erklären wol-

len. Jetzt, auf dem Maskenball, überfiel Grete auch
wieder dieses wehmütige Gefühl, das sie häufig hatte,
wenn sie an ihre Eltern dachte. Seit sie zurückdenken
konnte, hatte sie nie einen Austausch auch nur von kleinen Zärtlichkeiten zwischen Theodor und Ida Beier
bemerkt. Dabei war ihr Vater ein durch und durch liebevoller Mensch. Als Kind hatte Grete oft bei ihm auf
dem Schoß gesessen, und auch heute noch strich der
Bürgermeister ihr immer mal wieder über die Haare
und konnte ihr kaum einen Wunsch abschlagen. Leider hatte in der Regel ihre Mutter das letzte Wort in
der Familie, und ihr Vater zog sich dann in seine eigene
Welt zurück. Oder suchte wenigstens das kurze Glück
woanders. Grete wusste davon – in Brand und Umgebung war es ein offenes Geheimnis, dass der Bürgermeister Trost in den Armen anderer Frauen suchte. Sie
verstand ihren Vater. Auch zwischen Grete und ihrer
Mutter gab es keine Liebkosungen. Ganz im Gegenteil. Ida Beier war stets hart gegen ihre Tochter. Nichts
konnte Grete ihr recht machen, immer gab es irgendetwas auszusetzen. Deswegen hatte sie sich auch so sehr
in der Liebe von Fritz Oelzner gesonnt. Und gerade
bei ihm hatte das Mädchen gedacht, dass ihre Mutter
sich für sie freuen würde. Gretes Erinnerung wanderte
wieder zum Abendbrottisch und der Auseinanderset-
zung mit ihrer Mutter, die ihr nach einer Weile geantwortet hatte: »Von wegen, der passt gut zu dir! Gegen
den jungen Herrn Oelzner persönlich habe ich nichts,
dafür umso mehr gegen sein leeres Portemonnaie. Es ist
bekannt, dass sein Vater bis zu den Ohren in Schulden
steckt.« Dann hatte die Mutter hinzugefügt: »Du bist

Bürgermeistertochter, und er ist keine gute Partie. Und wenn du mir jetzt mit Liebe kommst, sage ich dir eines: Liebe ist für eine Heirat nicht notwendig. Das ist reine Gefühlsduselei. Damit basta. Ob dein Ehemann etwas auf dem Bankkonto hat, darauf kommt es an. Schließlich soll er dir etwas bieten können.«

Grete hatte aus Mitleid sich selbst gegenüber drei Tage lang dicke Krokodilstränen geweint, die auf die aufgeschlagenen Seiten des 16. Bandes von Meyers Konversations-Lexikon getropft waren, wo hinein sie ein Vergissmeinnicht zum Pressen gelegt hatte, das Fritz ihr zu Beginn ihrer Freundschaft einmal geschenkt hatte. Irgendwann waren aus den Tränen um eine verlorene Liebe Tränen der Wut gegen ihre Mutter geworden, und Grete hatte einen Entschluss gefasst: Sie würde sich den Umgang mit Fritz nicht verbieten lassen. Seine Gesellschaft tat ihr viel zu gut, als dass sie darauf verzichten wollte. Außerdem, und das wog stärker als alles andere, wollte sie ihre Mutter nicht über sich siegen lassen – sie war kein kleines Kind mehr, hatte die Volksschule abgeschlossen und das immerhin als eine der Klassenbesten! Kurz entschlossen hatte sie sich an ihren Sekretär gesetzt, Papier und Feder hervorgeholt und eine Nachricht an Fritz Oelzner verfasst.

Bald darauf trafen sie sich. Hierfür hatten sie Hilfe von Therese Kunze bekommen. Die Hebamme wohnte in der Erdgeschosswohnung des Bürgermeisterhauses zur Untermiete, was Grete für ihr Vorhaben sehr zu pass gekommen war. Sie selbst lebte mit ihren Eltern in den oberen Geschossen des Hauses, das ihr Vater bereits gekauft hatte, bevor er Bürgermeister von Brand geworden war. Den Garten nutzten sie alle, und genau um den war es Grete bei ihrem ersten heimlichen Treffen mit Fritz Oelzner gegangen. Damit es überhaupt stattfinden konnte, hatte sie die Hebamme gebraucht. Therese Kunze war Grete, seit deren geliebte Großmutter nicht mehr lebte, eine enge Vertraute geworden. Sie sprach mit ihr über Dinge, die sie sonst niemandem anvertrauen konnte. Auch nicht Berta. In diesem Fall hatte sie ihre beste Freundin jedoch eingeweiht, weil sie selbst so aufgeregt war wie sonst nur als kleines Kind einen Tag vor Heiligabend. Berta hatte ihr natürlich vehement davon abgeraten, sich über das Verbot von Ida Beier hinwegzusetzen, aber das hatte Grete nicht beeindrucken können. Die Hebamme war eigentlich immer auf Gretes Seite, und als diese ihr Anliegen bei ihr anbrachte, nickte sie sofort zustimmend und ihre Augen hatten zu leuchten angefangen. Grete hatte vermutet, dass die Frau sich einfach noch sehr gut daran erinnern konnte, wie es war, ein junges Mädchen in einem kleinen Ort zu sein, in dem nicht wirklich etwas los war. Aber eigentlich war ihr die Motivation der Hebamme gleichgültig gewesen, sie hatte einzig und allein deren Unterstützung gebraucht und bekommen.

»Wie romantisch! Natürlich kannst du auf mich zählen. Jetzt müssen wir nur noch überlegen, wie wir es am geschicktesten anstellen«, hatte Therese Kunze gesagt, doch Grete hatte bereits einen Plan. Fritz Oelzner sollte nachts in die Laube des Beierschen Gartens kommen. Hierfür sollte er bei der Hebamme anklopfen, damit diese ihn durch ihren Eingang hinaus in den

Garten lassen konnte – auf diese Weise würden Gretes Eltern nichts davon mitbekommen.

Grete konnte sich noch gut daran erinnern, wie aufgeregt sie bei ihrem ersten heimlichen Treffen mit dem jungen Mann gewesen war. Am betreffenden Abend hatte sie früh Müdigkeit vorgetäuscht und sich in ihr Mansardenzimmer zurückziehen dürfen. Dort hatte sie sich hübsch zurechtgemacht. Sie hatte ihr schönstes Nachthemd angezogen, ihre Haare gekämmt und sich ein wenig Rouge auf die Wangen und Lippenstift auf die vollen Lippen aufgetragen – gerade so viel, dass es noch natürlich aussah und nicht gleich auffallen würde, wenn ihre Mutter oder ihr Vater später noch einmal in ihr Zimmer käme. Beim Betrachten ihres Spiegelbildes war sie mit sich zufrieden gewesen, und bevor sie sich in ihr Bett gelegt hatte, hatte sie sich bei einem Blick zurück in den Spiegel einen Luftkuss zugeworfen. Im Bett hatte sie die Decke bis zum Kinn gezogen, das Licht gelöscht und so getan, als würde sie schlafen. Wie immer und auch von Grete so einkalkuliert, hatte ihre Mutter, bevor diese selbst sich zurückzog, tatsächlich in ihr Zimmer geschaut. Als sie die vermeintlich schlafende Grete gesehen hatte, hatte sie jedoch die Tür sachte wieder zugezogen und war ebenfalls ins Bett gegangen. Kurz darauf hatte Grete die Schritte ihres Vaters auf den Dielen gehört. Sie hatte noch eine Weile gewartet, dann war sie leise aufgestanden, hatte sich ihren Morgenmantel über das spitzenbesetzte Nachthemd gezogen und war, um möglichst keinen Laut zu verursachen, mit nackten Füßen hinaus in den Garten gegangen. Es war stockdunkel gewesen. Kein Stern hatte am Himmel geleuchtet, und der Mond hatte sich nur als schmale Sichel gezeigt. Von Weitem hatte Grete jedoch das flackernde Licht einer Kerze wahrgenommen, und ihr Herz hatte vor Freude einen Hüpfer gemacht. Auch jetzt, auf dem Maskenball, erinnerte sie sich noch daran, dass sie gedacht hatte: Wie süß von Fritz, er muss mich wirklich sehr gern haben, wenn er die Laube so schön vorbereitet.

Bis auf die Kerze war die Laube jedoch wie immer gewesen. Das hatte Grete sofort gesehen, als sie dort angekommen war. Die Kerze diente also einzig und allein als Lichtquelle und war von Fritz nicht als romantisches Accessoire gedacht gewesen. Grete hatte überlegt, ob sie darüber enttäuscht sein musste, hatte aber dann entschieden, es nicht zu sein. Sie selbst hatte ja noch nicht einmal an so etwas wie eine Lichtquelle gedacht, von romantischem Zeugs ganz zu schweigen.

»Da bist du ja endlich«, hatte Fritz ihre Gedanken unterbrochen und dabei trotz seiner gewählten Worte kein bisschen vorwurfsvoll geklungen.

»Ja, da bin ich«, hatte Grete schlicht erwidert.

Als Fritz daraufhin im Kerzenschein auf sie zugetreten war, ihre Hand in seine gelegt und sie zur Bank geführt hatte, hatte ihr Herz aufgeregt zu klopfen angefangen. Dann hatte er sich gesetzt. Anstatt sich neben ihn zu setzen, hatte Grete auf seinem Schoß Platz genommen. Sie hatte gewusst, dass es sich nicht schickte, aber es schickte sich für sie als Bürgermeistertochter ebenso wenig, nachts heimlich aus ihrem Zimmer zu schleichen, um einen Verehrer zu treffen.

»Wer einen Schritt geht, der geht auch einen zweiten«, hatte ihre Großmutter gern gesagt. Als sie klein war, hatte sie diese Weisheit nicht verstanden, doch spätestens in diesem Augenblick in der Laube hatte sie gewusst, was die Mutter ihrer Mutter damit hatte ausdrücken wollen. Versunken in ihren Gedanken an dieses Treffen, das ihr wie Jahre her vorkam, jedoch erst vor einigen Monaten stattgefunden hatte, rieb Grete sich an der Nase. Irgendetwas hatte sie dort gekitzelt. Sie musste an »Melusine« denken, das geklaute Buch, das nach wie vor versteckt unter ihrer Matratze lag. Gut, Marie Kircheis, das Dienstmädchen der Bürgermeisterfamilie, wusste vielleicht davon, weil sie schließlich die Betten machte, aber das störte Grete nicht weiter. Marie würde nie etwas sagen.

Das Buch hatte Grete inspiriert. Als sie es zuerst gesehen hatte, hatte ihr der Haupttitel »Melusine« nichts gesagt. Auch nicht der Autor Jakob Wassermann. Sie hatte das Buch nur aus dem Bücherschrank von Bertas Mutter gezogen, weil als Unterzeile »ein Liebesroman« zu lesen war. Mehr aus einer Laune heraus als aus Vorsatz hatte sie es in ihrer Tasche verschwinden lassen und mit nach Hause genommen. Dort angekommen war sie direkt in ihr Mansardenzimmer gegangen und hatte das Buch unter ihrer Matratze versteckt. Nachdem sie dann am Abend zu Bett gegangen war, hatte sie es hervorgezogen und zu lesen begonnen. Sie war von der ersten Seite an gefesselt gewesen und in jener Nacht nicht zum Schlafen gekommen – sie hatte unbedingt wissen wollen, wie es mit Melusine ausging. Weil sie so ein merkwürdiges prickelndes Gefühl direkt unter ihrer Haut auslöste, hatte Grete seitdem vor allem die Stelle im Buch immer wieder aufgeschlagen, in der Vidl seine unbehandschuhte Hand auf Mellys nackte Brust legt. Vor allem diese Szene, aber auch noch einige andere, hatten ihr ein Gefühl für echte Leidenschaft vermittelt. Sie hatte gehofft, diese auch mit Fritz Oelzner zu erleben, doch bis heute war sie überzeugt, dass es nicht der Fall gewesen war. Wie das wohl mit dem Musketier dort hinten aussehen würde? Sie hätte einen solchen Mann für ihre ersten Erfahrungen wählen sollen und nicht so einen wie Fritz, der noch grün hinter den Ohren gewesen war, als sie sich näherkamen. Grete seufzte leise auf. Es war, wie es war, und ließ sich nicht mehr rückgängig machen. Dabei hatte sie in ihren Augen alles dafür getan, damit es gelang. Nachdem sie sich in jener Nacht auf Fritzens Schoß niedergelassen hatte, hatte sie ihren Morgenmantel von den Schultern gleiten lassen, sodass sie nur noch ihr dünnes Nachthemd anhatte. Obwohl es eine laue Nacht gewesen war, hatten sich ihre Brustwarzen aufgerichtet, was auch Fritz nicht entgangen war. Er hatte stumm dagesessen, und seine Augen hatten ein Glänzen angenommen, das sie davor noch nicht an ihm gesehen hatte. Als er sich nicht weiter geregt hatte, hatte sie seine Hände in ihre genommen, angehoben und auf ihre schweren Brüste gelegt.

Ihr Atem war dabei vor Vorfreude schneller gegangen, und auch seine schweren Atemzüge hatte sie deutlich hören können. Ansonsten waren sie beide stumm geblieben. Fritz hatte begonnen, seine Finger zu bewegen und ihre Brüste durch das Nachthemd zu kneten. Erst zaghaft, was Gretes Körper gefallen hatte, doch dann waren seine Bewegungen nach und nach forscher geworden, und die junge Frau war sich schnell vorgekommen wie ein Hefeteig, den Fritz akribisch auswalkte. Einmal hatte er so fest zugedrückt, dass sie vor Schmerz aufgequiekt hatte. Daraufhin hatte Fritz zu stöhnen angefangen – lang und anhaltend. Und dann war plötzlich alles vorbei gewesen. Als hätte er sich daran verbrannt, hatte Fritz abrupt seine Hände von ihren Brüsten gezogen und sie neben sich auf der Bank aufgestützt. Dabei hatte er zur Seite geblickt. Grete hatte sich von seinem Schoß erhoben, sich nach ihrem am Boden liegenden Morgenmantel gebückt, ihn wieder angezogen und den Gürtel straff gezogen. Sie wusste noch genau, wie sie sich gefragt hatte, ob es das jetzt gewesen sei, und als hätte Fritz ihre stille Frage gehört, hatte er ihr den Kopf zugewandt und sie verschämt angeblinzelt. Daraufhin war auch er aufgestanden, hatte ihr mit spitzen Lippen einen kurzen harten Kuss auf den Mund gedrückt und mit belegter Stimme »Danke« gemurmelt.

»Gern«, hatte Grete erwidert, weil ihr in diesem Moment nichts Besseres eingefallen war. Sie könnte sich jetzt noch dafür ohrfeigen. Nicht sie hatte ihm ein Geschenk machen wollen. Er hätte ihr eines machen sollen! Eines, das besser als alle Bücher zusammen war. Die Verabschiedung war entsprechend kurz ausgefallen – Fritz war mitsamt der ausgeblasenen Kerze in der Dunkelheit verschwunden. Grete hatte sich leise die Treppe hinauf in ihre Stube geschlichen, in ihr Bett gelegt und erst spät einschlafen können. Diesmal war es nicht die Aufregung gewesen, die sie wachgehalten hatte, sondern die Ernüchterung. Dennoch waren auf dieses erste Treffen noch einige weitere nachts in der Dunkelheit gefolgt. Fritz Oelzner hatte sich dabei von Mal zu Mal weiter an ihrem Körper vorgetastet, während sie sich mit jedem Mal mehr dem Bann der ersten Verliebtheit entzogen hatte. Körperliches Zusammensein hatte sie sich anders vorgestellt. So hatte sie oft Fritzens Hand geführt, damit ihr wenigstens nicht allzu unwohl bei der Sache wurde. Vor jedem weiteren Treffen hatte sie gehofft, seine Berührungen würden nicht mehr ganz so linkisch sein, wurde jedoch jedes Mal wieder enttäuscht. Es war gekommen, wie es kommen musste: Am Ende hatte sie ihm ihre Jungfräulichkeit geschenkt, woraufhin ihre Empfindungen für ihn gänzlich erkalteten. Gerade jetzt, hier auf dem Maskenball, war sie dankbar dafür, so klug gewesen zu sein, mit Fritz zu brechen. Andernfalls würde vermutlich jetzt nicht Berta neben ihr stehen, sondern Fritz, und er würde ihr keine Möglichkeit lassen, sich anderweitig umzuschauen. Grete wusste selbst, dass sie nach Liebe oder wenigstens Gunstbezeugungen lechzte, weil ihre Mutter Ida ihr so wenig entgegenbrachte. Und war Mutterliebe nicht das Elixier eines jeden Kindes? Obwohl sie Berta immer wieder damit aufzog, beneidete sie die Freundin insgeheim um deren Mutter, die ihre drei Kinder mit Liebe überschüttete. So konnte Berta in Ruhe auf den Richtigen warten und musste ihn sich nicht suchen wie sie selbst.

»Einen schönen Abend die Damen«, wurde Grete plötzlich von einer ihr unbekannten Männerstimme aus ihren Gedanken gerissen. Sie hatte gar nicht bemerkt, dass sie den Blick während ihrer Erinnerungen zu

Boden gesenkt hatte. Sie schaute auf und sah sich dem grinsenden Gesicht des Musketiers gegenüber. Sofort fielen ihr seine durchdringenden blauen Augen auf, die sie frech fixierten: »Lust auf ein Tänzchen?«

Grete lächelte. Sie hatte das untrügliche Gefühl, dass sie gerade den ersehnten Richtigen vor sich sah und ihre Suche endlich ein Ende hatte.

∗

Grete und der Musketier tanzten fast den ganzen Abend miteinander. Die junge Frau kam sich vor wie die inoffizielle Ballkönigin, so sehr machte ihr der junge Mann, der sich ihr als Johannes Merker vorgestellt hatte, vor aller Augen den Hof. Sie schätzte ihn auf etwas über 20. Wie sie später erfahren sollte, war er 22 Jahre alt – knapp dreieinhalb Jahre älter als sie selbst.

Ihre Großmutter, die für jede sich bietende Situation eine Volksweisheit auf Lager gehabt hatte, hatte auch eine zum Tanzen gehabt: »Harmoniert ein Paar gut auf dem Parkett, passt es auch sonst im Rhythmus des Lebens gut zusammen.«

Der erste Teil dieser Weisheit, von der Grete nach wie vor nicht sicher war, ob ihre Großmutter sich den Spruch nicht ausgedacht hatte, traf in jedem Fall auf sie und ihren Tanzpartner zu. Hans, wie sie Johannes Merker schnell nannte, wirbelte sie auf der Tanzfläche herum als gäbe es kein Morgen mehr. Dabei führte er sie so perfekt, dass sie kein einziges Mal ins Strauchelnkam. Aber ob ihre Großmutter recht gehabt hatte und sie auch sonst gut zusammenpassten? Wie Grete schon vermutet hatte, gehörte Johannes Merker einer anderen Gesellschaftsschicht an. Seinem Kostüm hing ein muffig-feuchter Geruch an, was sie darauf schließen ließ, dass seine Wohnsituation nicht die allerbeste war und in seinem Zimmer die Feuchte schon die Wände hinaufstieg. Zudem hatte er ihr während einer Tanzpause erzählt, dass er als Handlungsgehilfe bei der Lebensmittelfirma Bruno Dreß in Freiberg angestellt war. Grete fragte sich, ob er ihr mit so einer Anstellung das Leben bieten könnte, das einer Bürgermeistertochter gebührte. Gleich darauf schalt sie sich selbst. Ihre Gedanken waren ja nicht besser als die ihrer Mutter, und wenn sie eines nicht wollte, dann so zu sein wie Ida Beier!

»Hast du Durst?«, hörte sie nun Hans in ihr Ohr raunen, wobei sein heißer Atem sie an ihren Nackenhaaren herrlich kitzelte. Sie brachte kein Wort heraus. Nur ein Nicken, das sie in seine Schulter hinein machte, während die letzten Töne eines langsamen Walzers erklangen. Als die Kapelle geendet hatte, löste Grete sich nur ungern von ihrem Tanzpartner, der sie zurück zu Berta führte und daraufhin in der Menge verschwand, um Getränke zu besorgen.

»Berti, warum tanzt du nicht? Hier sind so viele hübsche junge Kerle, die nur darauf warten, dass eine rassige Schönheit wie du sie erhört«, fragte Grete Beier ihre Freundin und zog belustigt an deren linkem Ohrring – einer großen Kreole. Beide hatten sich als Zigeunerinnen verkleidet, obwohl Gretes aschblondes Haar nicht unbedingt zu dieser Kostümierung passte. Doch das hatte ihr nichts ausgemacht. »Dann bin ich eben eine ganz besondere Zigeunerin«, hatte sie gesagt, während sie sich die Augen mit einem Kohlestift schwarz umrandete und einen blutroten Lippenstift auftrug.

»Ich mag nicht tanzen«, erklärte Berta. »Ich habe Wadenkrämpfe.«

»Hast du das auch den Herren gesagt, die dich aufgefordert haben?«, forschte Grete nach.

»Warum fragst du?«, wich Berta der Freundin aus.

»Na, weil ich gesehen habe, dass mindestens zwei mit dir tanzen wollten.«

»Mag sein«, gab Berta zu, »aber …«

»Aber was?«, unterbrach Grete sie. »Gibt es da jemanden, auf dessen Aufforderung du noch wartest?«

Berta wurde ein weiteres Mal an diesem Februarabend rot, und Grete wusste, dass sie mit ihren Worten ins Schwarze getroffen hatte. Sie musterte ihre Freundin, deren Blick zu einer Gestalt gehuscht war, die nicht weit von ihnen mit anderen ehemaligen Abiturienten zusammenstand: Fritz Oelzner. Auch sein Blick war in ihre Richtung gewandt, doch lag er nicht auf Berta, sondern auf Grete. Grete rümpfte die Nase: »Was ich an dem nur gefunden habe! Kannst du es mir sagen? Aber Moment! So, wie du ihn ansiehst, könnte man denken, dass du in meine Fußstapfen treten möchtest. Habe ich recht? Ist er es, auf den du wartest?«

»Grete, was redest du da für einen Blödsinn?«, erwiderte Berta, doch ihre zunehmende Gesichtsröte strafte sie Lügen.

Grete grinste über das ganze Gesicht: »Tatsächlich, ich habe recht! Oh wie schön, meine Berta ist verliebt.« Sie nahm Berta in die Arme und drückte ihr einen Kuss auf die Wange: »Hach, wie ich mich für dich freue! Aber du weißt schon, dass er keine gute Partie ist. Die Geschäfte seines Vaters laufen immer schlechter. Was werden deine Eltern dazu sagen?«

»Das ist es ja. Darum ist es ja auch Blödsinn. Sie würden es nie erlauben. Außerdem ist er noch immer in dich verliebt.«

Grete machte eine wegwischende Handbewegung: »Ach was, du musst ihn nur irgendwie auf dich aufmerksam machen.«

»Und … und das würde dich nicht stören … Ich meine, weil ihr doch …?«, fragte Berta nun ängstlich.

Grete lächelte Berta herzlich an. Wie selbstlos ihre Freundin doch war. So ganz anders als sie. »Um mich musst du dir keine Gedanken machen, Berti. Ich will ihn nicht mehr. Außerdem habe ich meinen Mann gefunden!«

»Was? Wen?«, fragte nun Berta überrascht.

»Na ihn!«, sagte Grete im Brustton der Überzeugung und zeigte auf Johannes Merker, der mit gefüllten Sektkelchen in diesem Augenblick auf sie zukam.

»Aber …«, öffnete Berta den Mund, schloss ihn jedoch gleich wieder. Grete wusste allerdings genau, was die Freundin hatte sagen wollen, und natürlich stimmte es: Wenn Gretes Eltern schon Fritz Oelzner nicht für ihre Tochter hatten haben wollen, dann ganz bestimmt schon gar nicht Johannes Merker.

»Lieb, dass du dir die Litanei von wegen Bürgermeistertochter verkneifst. Die kenne ich zur Genüge«, lachte Grete ihrer Freundin offen ins Gesicht, ging auf Merker zu, ließ sich ihren Sektkelch reichen und nahm einen Schluck daraus. Dann prostete sie Berta zu, die die Szene skeptisch beobachtete, und rief übermütig: »Ich folge meinem Herzen!«

»Sie ist eben wild aufgewachsen und die Keime zu ihrem originären Verbrechertum haben sich im Schatten des indolenten Elternhauses frei und ungestört entfalten können.«

(Autor und Journalist Paul Lindau über Grete Beier, München 1909)

2. LEIDENSCHAFT
MÄRZ 1905 BIS JULI 1905

»Es ist schön, dass es heute mit unserem Treffen geklappt hat«, stellte Hans Merker mit weicher Stimme fest, als er Grete seinen Arm anbot, damit diese sich unterhaken konnte. Er hatte sie vom Bahnhof in Freiberg abgeholt. Bisher war er immer zu ihr nach Brand herausgekommen, doch dieses Mal hatte er Grete gebeten, es einmal anders zu halten. Er hatte sie eigens dafür angerufen. Seit einiger Zeit verfügte die Familie Beier über ein Telefon, was nur wenige von sich behaupten konnten und am allerwenigsten ein einfacher Angestellter, wie Johannes Merker einer war. Darum hatte er für seinen Anruf heimlich das Telefon seiner Firma genutzt und ihr gesagt, dass er keine Zeit für lange Erklärungen hätte. Grete hatte das akzeptiert, nicht weiter nachgebohrt und zugestimmt, am Abend, wenn Hans Feierabend hatte, in das nahe gelegene Freiberg zu kommen.

»Ja, es ist immer wunderbar, wenn wir uns sehen. Aber sag, was ist denn los?«, fragte Grete. Sie kannten sich jetzt seit knapp zwei Wochen, dennoch kam es der Bürgermeistertochter vor, als läge der Maskenball eine halbe Ewigkeit zurück – so nah fühlte sie sich dem Mann, an den sie sich jetzt beim Gehen sachte anschmiegte. Nach ihrem Kennenlernen hatten sie sich fast jeden Abend getroffen. Und mit jedem weiteren

Mal wuchsen Gretes Gefühle für den Mann. Wie sie es bereits auf dem Maskenball geahnt hatte, war er so anders als all die jungen Männer, die sie kannte. Er war viel reifer und stand mitten im Leben. Vielleicht oder gerade, weil das Schicksal es bisher nicht immer gut mit ihm gemeint hatte. Er hatte ihr erzählt, wie er durch widrige Umstände immer wieder in seiner beruflichen Laufbahn gebremst worden war, sich jedoch nicht entmutigen ließ, sondern weiterhin daran glaubte und entsprechend arbeitete, etwas auf die Beine zu stellen. Er hatte noch hinzugefügt, dass sie solch ein Leben, in dem man sich hocharbeiten musste, nicht kannte, und er ihr das von Herzen gönne. Diese Worte hatten sie nicht nur noch mehr für Hans Merker eingenommen, sie hatten auch ihr Mitleid geweckt. Zu gern hätte sie ihm etwas von ihrem Glück abgegeben. Das Einzige, was sie tun konnte, war, ihm zweimal die Bahnfahrt von Freiberg zu ihr nach Brand zu bezahlen. Er hatte das Geld zunächst nicht angenommen, doch dann hatte Grete es ihm einfach in die Jackentasche gesteckt, und er hatte nichts mehr dagegen eingewendet.

»Warte noch, nicht hier, hier sind mir zu viele Leute«, antwortete Merker jetzt, woraufhin Grete sich umblickte. So viele Menschen waren ihrer Ansicht nach nicht unterwegs, was kein Wunder war, denn es dämmerte bereits und war recht kalt. Sie würde sich dennoch gedulden und abwarten, was Hans vorhatte.

»Magst du mir denn wenigstens verraten, wohin wir gehen?«, fragte sie, woraufhin Merker schlicht sagte: »In den Park.«

»In den Park?«, wunderte sich die junge Frau.

»Ich weiß, Grete, das ist nicht unbedingt ein Ort, zu dem man eine junge hübsche Frau um diese Uhrzeit hinführt, aber ich möchte allein mit dir sein. Das, was ich dir zu sagen habe, ist nur für deine Ohren bestimmt.«

In Gretes Kopf ratterte es. Warum machte er so ein Geheimnis um ihr heutiges Treffen? Was wollte er ihr sagen? War sie nicht die einzige Frau in seinem Leben? Oder war er gar verheiratet und hatte Kinder? Grete wusste aus seinen Erzählungen, dass er für die Firma Bruno Dreß auch manches Mal einige Zeit unterwegs war – vielleicht lebte seine Familie in einer anderen Stadt, und deswegen hatte er in den letzten Tagen ein Doppelspiel führen können. Konnte das sein? Wollte er ihr heute sagen, dass sie sich nie wiedersehen würden? Gretes Herz schlug vor Aufregung immer schneller, und sie bekam ein wenig Angst vor dem bevorstehenden Gespräch. Sie versuchte, sich selbst zu beruhigen, indem sie sich sagte, dass das nicht sein könnte und sie die Einzige war, mit der er sich traf. Hans hatte viel zu gute Manieren ihr gegenüber gezeigt, als dass er sie hintergehen würde. Natürlich, versprochen hatte er ihr nichts, aber musste man das immer? Gerade zwischen ihnen beiden herrschte doch seit ihrem ersten Tanz ein Einverständnis, das Grete niemals für möglich gehalten hätte. Und auch Berta, die sie ein paarmal gemeinsam getroffen hatten, hatte ihre Meinung von ihm inzwischen revidiert und gesagt, was für ein Glück sie doch mit Merker hätte, wie unterhaltend er wäre, und dass er Grete verehren würde.

Grete hatte sich so sehr in ihren Grübeleien verloren, dass sie leicht zusammenschreckte, als Johannes Merker sie ansprach: »Siehst du, da zu dieser Bank möchte ich. Von dort aus können wir herrlich auf den kleinen See schauen.«

Kaum hatte Merker seinen Satz beendet, waren sie bereits bei der Bank angekommen, und Grete setzte sich. Merker blieb stehen, was Grete verwunderte. Sie hatte sich extra an den Rand der Bank gesetzt, sodass er in der Mitte Platz nehmen konnte. Merker registrierte das mit einem Lächeln. Dann ging er vor Grete auf die Knie, obwohl er eine gute Hose anhatte und der Boden feucht war.

»Grete, willst du dich mir versprechen?«, fragte er jetzt, während er Gretes Hände in seine nahm.

»Aber Hans, ich …«, die Bürgermeistertochter stockte. Hatte Hans Merker ihr gerade einen Heiratsantrag gemacht? Die Erkenntnis sickerte nur langsam in ihr Bewusstsein, und als sie dort angelangt war, entwand Grete ihre Hände aus Merkers und schlang ihm ihre Arme um den Hals.

»Ja«, flüsterte sie ihm, ohne weiter darüber nachzudenken, in sein blondes Haar, »ja, ich will mich dir versprechen!«

Dann suchten ihre Lippen seine, und den Kuss, den sie sich nun gaben, würde Grete Beier niemals vergessen. Schon ihr allererster Kuss war der pure Rausch für Grete gewesen, doch dieser übertraf alles. Wäre sie nicht gesessen, dann wäre sie zusammengesackt, so weich wurden ihre Knie. Als Merker Anstalten machte, von ihr zu lassen, streckte sie sich ihm mit ihrem Oberkörper weiter entgegen, woraufhin er ihren Mantel aufknöpfte und seine Hände auf ihre Hüften legte, während er sie weiter küsste. Grete vergaß alles um sich herum. Die Bank, den kleinen See, den Park, Freiberg, ihren Standesunterschied ... sie war nur noch Gefühl und ihre Sinne waren komplett von diesem Mann eingenommen. Als Merker sich dann doch von ihr löste, brauchte sie noch eine Weile, um sich wieder zu fangen. Dann fuhr ihr mit einem Mal der Schreck in die Glieder. Natürlich wusste sie jetzt, warum Merker den Park für seine Frage gewählt hatte, dennoch war er nicht einsam gelegen. Dafür war er zu nahe am Stadtkern. Was, wenn jemand sie hier auf der Parkbank so eng umschlungen mit einem Mann gesehen hatte? Ganz gleich, ob es Merker oder ein anderer war, solch ein Verhalten in der Öffentlichkeit schickte sich absolut nicht, und viele Menschen kannten sie, weil sie die Tochter des Bürgermeisters von Brand war. So schnell, wie sie gekommen war, verflüchtigte sich die Sorge um ihren Ruf wieder – bald würde sie diesen Mann heiraten und Frau Merker sein, und wenn Hans sich nicht um ihr Verhalten scherte, warum sollte sie es dann tun?

✻

»Und jetzt?«, fragte Berta aufgeregt, nachdem Grete ihr von ihrem Abend mit Johannes Merker im Freiberger Park erzählt hatte. Sie saßen in Bertas Zimmer auf dem kleinen Sofa, das sie unlängst von ihren Eltern geschenkt bekommen hatte und auf das sie sich gern legte, wenn sie ein Buch las.

»Jetzt sind wir verlobt«, antwortete die Bürgermeistertochter ihrer Freundin stolz.

»Verlobt? Aber du kennst ihn doch erst ein paar Wochen. Willst du ihn wirklich heiraten? Du bist doch immer diejenige, die sagt, man muss nicht gleich heiraten, um sich zu amüsieren«, wandte Berta überrascht ein.

»So einen Mann wie Hans habe ich noch nie kennengelernt. Weißt du, er bringt mich zum Lachen wie kein anderer, und ich mag es, wie er sich anzieht, und er ist so lieb zu mir«, schwärmte Grete und stand dabei vom Sofa auf, um sich in dem großen Ankleidespiegel zu betrachten, der in der anderen Zimmerecke stand. »Außerdem hast du doch selbst gesagt, dass du ihn magst und den Eindruck hast, dass er mich verehrt.«

»Ja aber … aber was sagen denn deine Eltern dazu?«, fragte Berta, woraufhin Grete sich abrupt von ihrem Spiegelbild losriss und ihre Freundin mit den Augen fixierte.

»Berti, du darfst erst einmal niemandem von mir und Hans erzählen. Wir sind heimlich verlobt. Meine Eltern wissen von nichts. Nach dem, wie meine Mutter sich wegen Fritz aufgeführt hat, muss ich da vorsichtig sein. Das verstehst du doch, nicht wahr? Weißt du, Hans und ich wollen das alles langsam angehen. Wir haben uns aber einen Termin gesetzt. An meinem Geburtstag, am 15. September, wollen wir es ihnen sagen, und vorher kommt Hans einfach öfter mal zu uns. Er ist so charmant, und wenn meine Mutter ihn erst einmal näher kennengelernt hat, wird sie mich vielleicht verstehen, denn wenn es einer schafft, ihr kaltes Herz zu erobern, dann Hans. Und sonst hoffe ich sowieso auf meinen Vater. Du weißt, dass er anders als Mutter ist«, erklärte

Grete mit ernster Stimme, woraufhin ihre Freundin nur stumm nickte.

»Wohin gehst du?«, fragte Ida Beier ihre Tochter, als sie sah, wie diese das Haus verlassen wollte.

»Noch ein wenig im Wald spazieren«, bekam sie nach einem kurzen Zögern von ihrer Tochter als Antwort.

»Du warst doch heute schon spazieren«, meinte die Bürgermeisterfrau spitzfindig und fuhr fort: »Und seit wann ziehst du für den Wald ein gutes Kleid an?«

»Oh, das Kleid, das habe ich gar nicht bemerkt. Stimmt, Mutter, du hast recht. Aber ich möchte ja auch nicht lange unterwegs sein, nur etwas raus. Die Luft ist so schön. Man riecht richtig, dass endlich Sommer ist, findest du nicht?«, antwortete Grete und hoffte, dass ihre Mutter nun nicht weiter nachbohren würde. Ida Beier kannte ihre Tochter jedoch gut. Sie war eine der wenigen, die sich nicht von ihr einwickeln und hinters Licht führen ließ. Und sie tanzte nicht nach Gretes Pfeife, wie sie es manchmal ihrem Mann vorwarf. Er war viel zu milde mit Grete, und wenn Ida Beier nicht aufpasste, würde Theodor Beier seine Tochter nach Strich und Faden verziehen und ihr alles durchgehen lassen.

Jetzt wusste die Bürgermeisterfrau ganz genau, dass ihre Tochter nicht allein spazieren gehen, sondern sich mit diesem Johannes Merker treffen wollte. Ida Beier hoffte, dass Merker nur einer der vielen Verehrer ihrer Tochter war und diese bald das Interesse an ihm verlieren würde. Gretes Mutter hatte ihn kennengelernt, als er ihre Tochter nun schon zum wiederholten Male sonntags zum auswärtigen Kaffeetrinken abgeholt hatte. Abgesehen von seiner geringen Stellung hielt sie ihn für einen windigen Typen, vielleicht sogar einen Mitgiftjäger. Auf jeden Fall fragte Grete fast jedes Mal, wenn sie Merker traf, nach Geld. Sie bat nicht ihre Mutter, sondern ihren Vater. Einmal, als Theodor nicht zugegen gewesen war, hatte Ida Beier ihre Tochter dabei beobachtet, wie sie an dessen Schreibtischschublade gegangen war und der Geldkassette ein paar Mark in Münzen entnommen hatte. Sie hatte Grete nicht zur Rede gestellt, weil sie erst einmal mit ihrem Mann darüber sprechen wollte. Hatte er es Grete vielleicht erlaubt? Hatte er nicht, wie sich herausstellte. Allerdings empfand er es auch nicht als schlimm. Im Gegenteil hatte Theodor Beier die Schuld bei sich gesucht und sich laut gefragt: »Vielleicht sollten wir ihr etwas mehr Geld zur Verfügung stellen. Sie kommt ja auch häufig zu mir, wenn sie verabredet ist, und bittet um ein paar Mark. Grete ist bald 20 Jahre alt und fährt häufig zu ihren Freiberger Freundinnen – da kosten selbst kleinere Vergnügungen schon mehr als hier in Brand. Na ja, so viel hat unser Städtchen jungen Leuten eh nicht zu bieten. Als Bürgermeister sollte ich in dieser Hinsicht vielleicht einmal etwas tun. Immerhin haben wir schon mehr als 3.000 Einwohner, und es sollen mehr und nicht weniger werden. Als damals der Bergbau eingestellt worden ist, sind die Menschen auch geblieben, weil man Brand zur Glashüttenstadt gemacht hat. Unser Tafelglas ist über die Grenzen Sachsens berühmt! Jetzt brauchen die Brandner aber mehr. Nicht nur ein paar Gaststätten, vielleicht sollte ich auch einmal einen Tanzball ...«

»Jaja«, hatte Ida Beier die lauten Gedanken ihres Gatten unwirsch unterbrochen und das Thema wieder auf die gemeinsame Tochter gelenkt: »Für eine junge Frau bekommt Grete genug, und bevor sie diesen Merker kennengelernt hat, hat es stets gereicht.«

Jetzt, hier in ihrer Diele, dachte sie über Grete nach. Ihre Tochter war noch nie einfach gewesen und sie hatten häufig Auseinandersetzungen. Sie war sechs Wochen zu früh auf die Welt gekommen, und es grenzte an ein Wunder, dass die Kleine überlebt hatte. Wahrscheinlich hat sie daher ihren starken Willen, dachte Ida Beier nicht zum ersten Mal. Sie liebte ihre Tochter, auch wenn sie es ihr nicht zeigen konnte. Sie war einfach kein Mensch, der gern Gefühle zuließ – nur einmal hatte sie es gemacht. Damals, als sie Theodor kennengelernt hatte. Zu jener Zeit war er Steiger gewesen, ein ehrbarer Beruf, der relativ gut entlohnt wurde, doch hatte Ida, die Tochter eines Schuhmachermeisters, nie einen Bergwerksarbeiter heiraten wollen, was die Auswahl an potenziellen Bewerbern verringerte, denn hier, im Erzgebirge, arbeitete jeder Dritte unter Tage. Ida hatte sich immer schon als etwas Besseres gefühlt und wollte vor allem ein noch besseres Leben führen. Das wollte sie auch noch, als sie sich in Theodor Beier verliebte und sich ihm im Rausch der Gefühle hingab. Die Konsequenz daraus stellte sich relativ zügig ein, und sie heirateten, als Ida im ersten Monat mit Grete schwanger war. Von da an schwor sie sich, sich nie wieder von ihren Gefühlen leiten zu lassen. Doch Ida wäre nicht Ida gewesen, hätte sie nicht das Beste aus der Situation für sich herausgeholt. Sie unterstützte Theodor, der glücklicherweise ein tüchtiger Mann war, darin sich weiterzubilden. Er eignete sich mit ihrer Hilfe Kenntnisse im Rechnungswesen an und wurde zunächst Stadt- und Schulkassierer. Später bekam er eine Stelle in der Sparkasse, von wo er gemeinsam mit seiner Frau gesellschaftlich wichtige Beziehungen knüpfte, die ihm schließlich die Position des Bürgermeisters der kleinen Bergstadt Brand einbrachten – und Ida Beier die der Frau Bürgermeister. Und Grete ist Bürgermeistertochter, dachte Ida Beier jetzt. Laut sagte sie zu ihrer Tochter: »In einer Stunde essen wir zu Abend. Bitte sei pünktlich zurück.«

»Bin ich«, erwiderte Grete und drückte schon die Türklinke herunter, um zu gehen, als ihre Mutter mit hochgezogener Augenbraue meinte:

»Triffst du dich wieder mit diesem Merker?«

»Und wenn?«, fragte die Bürgermeistertochter provokant zurück, drängte sich an der Mutter vorbei und schritt hoch erhobenen Hauptes vom Grundstück auf die Straße hinaus, wo sie den Weg Richtung Ortskern einschlug.

Eine Stunde später, pünktlich zum Abendessen, hatte Grete sich wieder im Bürgermeisterhaus eingefunden. Sie hatte kaum Appetit, aß jedoch gerade so viel, dass es ihrer Mutter nicht auffiel. Sie hatte keine Lust auf deren hintergründige Fragerei. Schon vorhin war sie mit gemischten Gefühlen zu ihrem Stelldichein mit Hans aufgebrochen. Es war Juli. In gut zwei Monaten hatte sie Geburtstag, und dann wollten sie und Hans ihren Eltern von ihrer Verlobung erzählen und anfangen, die

Hochzeit zu planen. Grete hatte gehofft, dass ihre Mutter zu diesem Zeitpunkt Hans bereits ins Herz geschlossen hätte, doch das sah nicht so aus, und was sollte sich daran noch in zwei Monaten ändern? Vor allem nach dem, was Hans ihr eben nahezu unter Tränen gebeichtet hatte? Und sie hatte ihn noch nicht einmal in den Arm nehmen können. Sie war in Brand bekannt wie ein bunter Hund. In dem kleinen Ort kannte fast jeder jeden und sie, die Tochter des Bürgermeisters, allemal. Die Leute guckten sowieso schon schief, wenn sie Grete mit Hans flanieren sahen, und zerrissen sich wahrscheinlich das Maul über diese nicht standesgemäße Bekanntschaft. Grete hatte das bislang nicht gestört, schließlich würden sie beide bald heiraten, und dann konnte keiner mehr etwas sagen. Das hatte sie zumindest bis vor einer Stunde noch gedacht, aber jetzt? 2.315,05 Mark hatte Hans aus der Firma Dreß entwendet. Unterschlage. Und heute hatte sein Chef es herausgefunden. Das Geld hatte der Grundstock für ein eigenes Geschäft sein sollen, um ihr ein feines Leben bieten zu können. Das hatte er gesagt. Grete konnte sich nicht ganz vorstellen, dass er das Geld nur ihretwegen beiseitegeschafft hatte. Sie nahm eher an, dass er über einen längeren Zeitraum als ein knappes halbes Jahr, die Zeit, die sie sich kannten, in die Kasse gegriffen hatte, schließlich handelte es sich um eine stolze Summe, die erst einmal zusammenkommen musste. Außerdem kannte sie Merker, abgesehen von seinem schon etwas muffigen Maskenballkostüm, nur in einigermaßen gutem Zwirn. Daran erinnerte sie sich jetzt, denn zu Beginn ihrer Beziehung hatte sie sich einmal gefragt, wie er sich den als einfacher Handlungsgehilfe überhaupt leisten konnte. Andererseits hatte er sich gerade in der letzten Zeit immer mehr von ihr bezahlen lassen, wenn sie ausgegangen waren. Sie hatte das nicht weiter schlimm gefunden – es war ja auch zu ihrem Amüsement, wenn sie sich trafen. Und sie hatte ja Geld zur Verfügung. Oder zumindest ihr Vater, der ihr immer etwas gab, wenn sie ihn darum bat. Das wusste auch Hans. Sie hatte es ihm schon ziemlich zu Beginn ihrer Bekanntschaft erzählt. Sie hatten über das Arbeiten gesprochen, weil sie sich, seitdem sie die Volksschule abgeschlossen hatte, manches Mal so unnütz vorkam.

»Ich kann Klavier spielen, bin gut in Handarbeiten und war immer eine der Besten in der Schule, aber was bringt mir das?«, hatte sie Merker gefragt. Es war eher eine rhetorische Frage gewesen, und so hatte er auch nur die Schultern dazu gezuckt.

»Meine Eltern, nein, meine Mutter ist darauf aus, dass ich eine vorteilhafte Partie mache und mich dann in meinem eigenen Haushalt zum Wohle meines Gatten engagiere. Dabei könnte ich so viel mehr machen. Auch jetzt schon, ohne gut verheiratet zu sein. Ich könnte Bibliothekarin sein oder irgendwo Schreibarbeiten übernehmen oder … aber nein, als Bürgermeistertochter gehört sich das nicht«, war sie fortgefahren, hatte dann jedoch abgebrochen, weil sie wusste, dass es nichts brachte und sie sich über die Verbohrtheit der Gesellschaft und ihrer Mutter insbesondere nur wieder aufregte. Wenn eine Frau aus gutem Haus für Geld arbeiten ging, so kam die Familie ins Gerede, vor allem, wenn die Frau das Geld nicht brauchte. Und Grete brauchte kein Geld. Außer jetzt, korrigierte Grete sich, jetzt brauche ich für mei-

nen Verlobten 2.315,05 Mark. Sie war hin- und herge-
rissen. Merker hatte sie vorhin um das Geld gebeten.

»Woher nehmen, wenn nicht stehlen?«, hatte sie
über ihren eigenen Witz aufgelacht. Hans hatte nicht
gelacht. Noch nicht einmal ein kleines Lächeln hatte
seinen Mund umspielt. Er hatte ihr aufgewühlt erklärt,
dass er mit einem Bein im Gefängnis stehe und nur noch
nicht inhaftiert worden war, weil er seinem Chef versichert hatte, dass er das Geld besorgen und ihm zurück-
geben würde. Nur leider hatte er es nicht mehr. Grete
hatte sich die Frage verkniffen, wo es denn geblieben
war, wenn es doch schließlich der Grundstock für ihre
Ehe sein sollte. Hans hatte sie mit flehendem Blick angesehen und gesagt: »Grete, mein Engel, lass uns nicht
mehr warten mit der Verkündigung unserer Verlobung.«

»Aber wir wollten es den Eltern doch an meinem
Geburtstag sagen, der ist ohnehin schon bald«, hatte
Grete sich gesperrt. Sie fand die Vorstellung, dass ihre
offizielle Verlobung mit ihrem Geburtstag zusammen-
fiel, einfach zu romantisch.

»Siehst du, du sagst es selbst. Was sind schon zwei
Monate? Weißt du, wenn wir es deinen Eltern jetzt
sagen, dann hilft mir dein Vater bestimmt. Dann gehöre
ich doch sozusagen zur Familie«, hatte Hans argumen-
tiert, und sie hatte widerwillig zugestimmt. Er hatte ja
wirklich recht. Was war eine romantische Vorstellung
gegenüber dem Weg ins Gefängnis? Und ihr Vater hatte
das Geld.

Grete musste an den Pastor denken. Letzten Sonntag hatte er eine Predigt über das Evangelium vom ver-
lorenen Sohn gehalten. Diese war ihr da schon recht

nahegegangen, und sie hatte sich gefragt, ob das Schicksal gerade sie und Hans zusammengeführt hatte, damit sie ihn mit ihren Mitteln rettete. Vielleicht war Hans ihre Lebensaufgabe, hatte sie gedacht. Eben, während des Gesprächs mit ihm, war ihr das wieder in den Sinn gekommen. Sie hatte ihm zugeflüstert, dass er sich von ihr umarmt fühlen sollte, sie immer für ihn da wäre und alles für ihn und ihr gemeinsames Glück tun werde. Dann hatte sie ihn angewiesen, dass er später nachkommen und vor ihrem Haus warten solle, bis sie ihn hereinbitte, hatte ihm noch einen Luftkuss zugehaucht und war zum Abendessen nach Hause gegangen.

»Grete, du sagst ja gar nichts«, sprach Ida Beier jetzt ihre Tochter an – sie waren inzwischen beim Nachtisch angelangt: Freiberger Eierschecke.

»Vater, kann ich dich nach dem Essen sprechen?«, bat Grete, ohne auf ihre Mutter einzugehen oder sie anzublicken.

»Ja natürlich«, antwortete Theodor Beier überrascht. Dann widmete er sich wieder genussvoll dem vor ihm liegenden Hefeteiggebäck.

*

Grete ließ die Haustür offen stehen, als sie hinaustrat und zur Straße vor lief. Sie schaute sich nach links und rechts um, entdeckte Hans jedoch nicht. Eine kleine Welle der Erleichterung löste sich in ihrem Brustkorb. Sicher hatte Hans eine andere Möglichkeit gefunden, das veruntreute Geld seinem Chef zurückzuzahlen, und nun müssten sie nicht mehr ihren Vater darum bitten.

Oder war es gar nicht so? Vielleicht war Hans auch geflüchtet, und sie würde ihn nie wiedersehen! Das wäre schrecklich! Wie sollte sie ohne ihn leben?

»Hans? Hans?«, rief sie zaghaft in die anbrechende Dämmerung hinein. »Bist du hier irgendwo?«

Grete bekam keine Antwort, dafür schälte sich langsam eine Gestalt aus der wuchernden Buchenhecke des Nachbargrundstückes und kam auf die junge Frau zu. Grete verstummte, denn sie erkannte die Silhouette des geliebten Mannes. Schnell trat sie auf ihn zu und schmiegte sich, begleitet von einem kleinen Aufseufzen, an ihn. Er hatte sie doch nicht verlassen. Hans legte seinen rechten Zeige- und Mittelfinger an ihr Kinn, drückte es sanft hoch und küsste sie innig. Erst dann sagte er mit rauer Stimme: »Und, was sagt dein Vater?«

»Er wird dir helfen, aber wie ich es mir gedacht habe, möchte er dich sehen. Komm mit hinein. Es wird alles gut«, antwortete Grete mit klopfendem Herzen, denn so ganz stimmte das nicht. Sie hatte zwar eben mit ihrem Vater gesprochen, doch knüpfte er eine Bedingung an seine Hilfe. Ihr Vater hatte sie gefragt, um wen es sich denn handle, und als sie dann den Namen von Hans gesagt hatte, hatte Theo Beier die Stirn krausgezogen: »Es hat also nichts mit meinem Amt als Bürgermeister zu tun, wenn ich es recht annehme?«

»Nein, Vater, es handelt sich um eine private Angelegenheit«, hatte sie geantwortet, und ihr Vater hatte sofort richtig geschlossen, dass Johannes Merker Geldschwierigkeiten hatte. Grete hatte das bejaht und ihm dann unter Tränen – sie konnte ganz gut auf Kommando weinen und wusste, dass es ihren Vater erweichen würde – Hans' Veruntreuung bei der Firma Dreß gestanden. Als Bürgermeister war Theodor Beier natürlich mit dem Freiberger Firmenchef bekannt, und das Geständnis seiner Tochter bestürzte ihn. Dann hatte er die Frage gestellt, auf die Grete bereits mit Bangen gewartet hatte: »Gretel, warum sollte ich diesem Herrn Merker helfen? Wenn ich jedem deiner Freunde helfen sollte, dann käme ich wahrscheinlich gar nicht mehr dazu, meinen Bürgermeisterpflichten nachzukommen. Die Zeiten sind momentan nicht zu jedem gut, denke nur an die Familie Oelzner.«

Grete war um den großen Schreibtisch herumgegangen, hinter dem ihr Vater saß, und hatte sich an Theodor Beier geschmiegt, so wie sie es als kleines Mädchen häufig getan hatte. Sie hatte ihn liebevoll angeschaut, am Schnurrbart gezupft und gesagt: »Vater, du weißt, wie sehr ich dich liebe, und nichts soll zwischen uns stehen, aber ich bin fast volljährig und … und jetzt habe ich den Mann gefunden, mit dem ich eine Familie gründen möchte.«

Der Bürgermeister hatte seine Tochter entgeistert angeblickt: »Und das soll dieser Merker sein? Aber Gretel …«

»Ja, Vater, und wir sind bereits verlobt. Wir wollten es dir und Mutter an meinem Geburtstag sagen, doch unter den Umständen ist es besser, ihr wisst es jetzt schon. Ich meine, Hans gehört doch damit sozusagen zu unserer Familie, und nur darum bitte ich dich, ihm zu helfen. Denn so hilfst du auch mir. Seiner Braut und deiner Tochter«, hatte Grete ruhig erwidert.

Der Bürgermeister war kein Mann, der schnell lospolterte, dennoch hatte es Grete irritiert, dass er gar keine Reaktion zeigte. Kein Wort des Entsetzens, keines des Vorwurfes oder – aber das hatte sie auch nicht erwartet – eines der Freude. Ihr Vater war einfach still sitzen geblieben, hatte ihren Kopf an seine Wange gedrückt und ihr sanft über die Haare gestrichen. Erst dann hatte er zu reden begonnen: »Auch du weißt, dass auch ich dich über alles liebe, Gretel, du bist mein Ein und Alles. Und ich bin dein Vater und muss sehen, dass es dir gut geht, vor allem, wenn ich nicht mehr bin. Ich helfe dem jungen Mann, aber einer Heirat stimme ich nicht zu, und ich nehme an, da bin ich mir mit deiner Mutter einmal im Leben einig. Ich habe diesen Merker nur ein paarmal gesehen und ich halte nichts von ihm. Er scheint mir ein windiger Bursche zu sein, ein Hallodri, der nur nach seinem eigenen Vorteil trachtet. Ich vertraue ihm auf keinen Fall meine Tochter an. Ihr werdet die Verlobung auflösen und euch nicht mehr sehen. Ich gebe ihm im Gegenzug das Geld zur Tilgung seiner Schuld bei Dreß, aber nicht die ganze Summe. Nur die Hälfte. Den Rest muss er selbst aufbringen. So, und jetzt hole ihn mir her, wenn er die Courage hat, mir unter die Augen zu treten. Ich informiere derweil deine Mutter. Das ist eine Familienangelegenheit, und die geht auch sie etwas an.«

»*Der Fall Grete Beier gehörte, wenn er erfunden wäre, zur allerminderwertigsten Literatur. Aber er ist wahr, er hat sich zugetragen, und alle psychologischen Zweifel vermögen nichts gegenüber der Macht und der Härte der Tatsachen.*«

(Hamburger Fremdenblatt vom 01. Juni 1908 über den Fall Grete Beier)

3. VERBOTENE LIEBE
JULI 1905 BIS FEBRUAR 1906

»Wie geht es dir?«, fragte Berta mitfühlend. »Schaffst du es, ihn zu vergessen?«

»Nein. Ich habe es versucht, ehrlich. Schon meinem Vater zuliebe, der Hans schließlich nicht nur mit Geld und einer Unterredung mit dessen Chef, diesem Dreß, geholfen hat, sondern ihm auch noch eine neue Stelle als Schreiber in der Saxonia-Hütte hier in Brand besorgt hat – weißt du, diese Tafelglasbläserei ...«

»Ja klar, weiß ich. Ich wohne schließlich auch hier.« Berta schob etwas beleidigt ihre Unterlippe vor. Dachte Grete denn, sie wäre dumm? Grete schien jedoch den Missmut ihrer Freundin nicht bemerkt zu haben und fuhr unbeirrt fort: »... denn der Dreß wollte ihn natürlich nicht weiter beschäftigen. Dann konnte ich aber nicht anders und habe Hans geschrieben. Ich mag einfach nicht ohne ihn sein. Es tut richtig weh. Weißt du, so, als ob man nur als halber Mensch durch die Welt läuft«, erklärte Grete ihrer Freundin ihren Liebeskummer, während sie mit ihr in dem nahe des Bürgermeisterhauses gelegenen kleinen Wald spazieren gingen.

»Ich hätte nie gedacht, einmal solche Worte aus deinem Mund zu hören«, stellte Berta überrascht fest. Ihr Ton war dabei nicht vorwurfsvoll. Im Gegenteil klang er eher anerkennend, als würde sich Berta über die geschilderten Gefühle der Freundin freuen. Auch Grete Beier war das nicht entgangen und sie gab zu: »Ach Bertilein, ich bin ja selbst über mich verblüfft, denn ich habe noch nie so gefühlt. Natürlich will ich nicht behaupten, in Fritz nie verliebt gewesen zu sein. Das wäre gelogen. Aber so, wie ich selbst noch ein Kind gewesen war, war auch meine Liebe zu Fritz reichlich kindlich. Vielleicht ein bisschen vergleichbar mit der Liebe zu einem Lieblingsspielzeug, dem man irgendwann entwächst. Bei Hans habe ich mich von Anfang an als Frau gefühlt. Und dem entsprechend schlägt auch mein Herz für ihn. Das Herz einer Frau!«

»Habt ihr denn … ich meine … ach du weißt schon«, wollte Berta nun neugierig wissen, was Grete ein mildes Lächeln entlockte, das jedoch sofort von einem gewissen Bedauern abgelöst wurde: »Nein, haben wir nicht. Wir wollten bis zu unserer Hochzeitsnacht warten, doch die steht ja nun erst einmal in den Sternen. Und obwohl das so ist, benimmt Hans sich auch jetzt noch wie ein Kavalier und rührt mich nicht an.«

»Ich kann dir nicht ganz folgen«, runzelte Berta die Stirn, »Ich denke, ihr seht euch nicht mehr, da kann er dich ja auch nicht anrühren!«

»Wir können uns nicht mehr offen sehen oder gar sprechen, da hast du schon recht«, erwiderte Grete und zerklatschte mit einer gezielten Handbewegung eine Mücke, die sich auf ihren Unterarm gesetzt hatte und bereits genüsslich das junge Frauenblut in sich hineinsaugte. »Mistvieh! Schade, dass es kein Mittel gibt, sie alle auf einmal von dieser Welt zu eliminieren. Ich würde mich dazu anbieten. Ich habe das Gefühl, alle

Mücken dieser Welt haben es nur auf mich abgesehen. Ein Grund mehr, sie zu töten!«, erklärte sie gereizt, fuhr dann jedoch mit weicher Stimme fort, als hätte die Sache mit der Mücke sie nicht unterbrochen: »Aber wie gesagt, habe ich ihm einen Brief geschrieben und war heilfroh, als er mir geantwortet hat. Nicht, dass ich wirklich daran gezweifelt hätte … Na ja, sei's drum. Auf jeden Fall hat er geantwortet, und ihm geht es wie mir. Er will auch nicht ohne mich sein, da können meine Eltern sagen, was sie wollen. Darum sehen wir uns jetzt heimlich in unserem Garten, wenn meine Eltern schon zu Bett gegangen sind. Nicht oft, aber immerhin. Therese Kunze hilft uns dabei. Sie deckt mich gegenüber den Eltern, und Hans sendet seine Depeschen für mich an sie, sodass niemand etwas davon mitbekommt und wir uns verabreden können. Denn telefonieren können wir auch nur noch höchst selten. Das Risiko, entdeckt zu werden, ist einfach zu groß, und meine Mutter passt auf mich auf wie ein Schießhund. Außerdem hat sie Ohren wie ein Luchs. Ich habe aber auch unser Dienstmädchen Marie auf meiner Seite. Zu meinem Glück kommt sie mit meiner Mutter nicht gut klar und freut sich, wenn sie ihr eins auswischen kann.«

»Na ja, Fritz hast du auch in eurer Gartenlaube getroffen«, gab Berta Winkler zu bedenken. Sie wusste, dass es bei diesen Treffen nicht nur beim Händchenhalten geblieben war. Grete hatte es ihr damals nicht ohne einen gewissen Stolz erzählt. So, als ob es eine Auszeichnung wäre, wenn man sich bereits einem Mann hingegeben hatte. Berta empfand das nicht so, dennoch hörte sie bei derart Erzählungen von Grete aufmerksam zu.

Das war noch viel aufregender als die Liebesromane, die sie sich von ihrer Mutter stibitzte und heimlich las. Schließlich waren es echte Erlebnisse und keine ausgedachten wie die von Jane Austen. Darüber hinaus war Berta jedes Mal wieder von der Leichtigkeit, mit der Grete das Leben genoss, begeistert, denn daran mangelte es Berta, und beide Freundinnen wussten, dass sie sich in dieser Hinsicht perfekt ergänzten. Berta war die Überlegtere von beiden, die Angepasste, während die Bürgermeistertochter meist handelte, ohne vorher über die möglichen Konsequenzen nachzudenken. Und sowieso machte Grete aus ihrem Herzen keine Mördergrube. Sie wisperte der Freundin bei jeder Gelegenheit ihre Gedanken, Wünsche und Erlebnisse frei heraus ins Ohr. Berta hatte in ihrem jungen Leben noch keinen offenherzigeren Menschen getroffen. Grete liebte es zwar, sich über die neueste Mode zu unterhalten und darüber, wohin man am besten zum Tanzen ging, doch in manchen Momenten hatte sie durchaus tiefschürfende Gedanken. Berta kam es manches Mal so vor, als ob ihre Freundin ihre Intelligenz versteckte, weil sie mitbekommen hatte, dass die meisten Männer eher eine Frau bevorzugten, die niedlich war und nicht viel über das Leben nachdachte. Sie hatte das einmal gegenüber Grete erwähnt, als diese laut darüber spekulierte, wie Männer tickten, und Grete hatte zunächst nur wissend gelächelt. Dann hatte sie gesagt: »Meine Lehrmeisterin ist Therese. Sie hat mir gesagt: ›Wenn du es den Männern recht machst, bekommst du es doppelt zurück – wenn du ihnen dann auch noch das Gefühl gibst, dass sie klüger sind als du, doppelt und dreifach.‹ Daran halte ich mich, denn Therese muss es wissen, sie ist schließlich Hebamme und sieht allerlei Familien im privatesten Bereich. Ich bin froh, dass meine Eltern ihr die Wohnung nach Großmutters Tod vermietet haben. Sie versteht wirklich etwas davon, wie wir Frauen unser eigenes Glück günstig beeinflussen können.« Jetzt sagte sie: »Ja, Fritz habe ich auch in der Gartenlaube getroffen, aber mit Hans ist eben alles anders.«

⁂

»Oh Gott, Gretel, mein Herz, ich halte das nicht mehr aus«, raunte Hans Merker in das Ohr seiner Geliebten, woraufhin ein wohliges Kribbeln deren Körper ergriff. Sie standen eng aneinander geschmiegt in ihrem kleinen Mansardenstübchen, in dem nur eine einzige kleine Gaslampe brannte, die alles in ein geheimnisvoll flackerndes Licht tauchte und so der prickelnden Atmosphäre etwas Weltentrücktes gab. War das jetzt wahr oder träumte die Bürgermeistertochter wieder einmal ihren lustvollen Traum, in dem der geliebte Mann endlich seinen Anstand über Bord warf und sie mit seiner geballten Männlichkeit liebkosen würde? Sie waren eben von ihrem heimlichen Treffpunkt auf lautlosen Sohlen hinauf in ihr Zimmer geschlichen. Es war Gretes Vorschlag gewesen, die schon nach Sekunden in der Eiseskälte der Nacht gebibbert hatte, sodass sie Mühe gehabt hatte, vor Zähneklappern zu sprechen, obwohl sie über ihrem Nachthemd nicht nur ihren Morgenmantel, sondern auch noch einen dicken Baumwollschal trug. Es war Januar, und der Winter hatte Sachsen fest im Griff. Nachdem sie in ihrem Stübchen die Tür verriegelt hatte, hatte Hans sie in seine Arme genommen, um sie zu wärmen. Inzwischen waren ihre Glieder wieder aufgetaut, dennoch hatte sie sich nicht aus seiner Umarmung befreit, sondern nur noch enger an ihn gedrückt. Es tat so gut dieses Gefühl, geliebt und begehrt zu werden. Seit sie denken konnte, war das ihr Antrieb gewesen. Von ihrem Vater und der verstorbenen Großmutter hatte sie stets Liebe bekommen, hier hatte sie nie darum buhlen müssen, doch bei ihrer Mutter war das etwas anderes. Grete hatte ihrer Mutter nie etwas recht machen können, stets war es noch nicht gut genug. Nur für ihre Mutter hatte sie sich in der Schule angestrengt und gute Noten geschrieben, nur für ihre Mutter hatte sie Stunden am Klavier verbracht und geübt, sodass sie ein Stück perfekt auswendig spielen konnte, und nur für ihre Mutter hatte sie noch viele andere Dinge getan. Doch das Ergebnis war stets das gleiche: Ida Beier meinte, es würde alles noch besser gehen, und das hatte sie ihrer Tochter jedes Mal wieder schroff zu verstehen gegeben. Dabei hätte Grete sich einfach nur eine anerkennende Umarmung gewünscht. Irgendwann war Grete dazu übergegangen, sich ihre Bestätigung und Liebe woanders zu holen, gern auch mal mit kleinen Lügen, die sie selbst in ein besonders gutes Licht rückten. Es funktionierte. Bei ihrem Klassenlehrer, dem Klavierlehrer, bei ihren Freundinnen und auch deren Eltern. Besonders bei den Müttern, auf die sie oftmals eifersüchtig war. Warum waren die anderen Mütter so anders als ihre eigene? So liebe- und vor allem verständnisvoll für die Belange ihrer Kinder? Was hatte Grete an sich, dass ihre Mutter ihr eine solche Liebe nicht entgegenbrachte? Denn war Mutterliebe nicht instinktiv gegeben? Es musste also an ihr, Grete, liegen! Als Heranwachsende war sie irgendwann dazu übergegangen, sich auf das andere Geschlecht zu konzentrieren, und hatte schnell festgestellt, dass sie hier am erfolgreichsten war. Sie musste nicht mit ihrem Erlernten punkten, sondern konnte sich ganz auf das verlassen, was ihr in die Wiege gelegt worden war: ihre durchaus attraktive Erscheinung. Ihr lockiges aschblondes Haar, das sich so schön aufstecken ließ, ihre runden blauen Kulleraugen, ihre schon in sehr jungen Jahren voll entwickelte weibliche Figur und ihr aufrechter Gang, den sie schon deshalb an den Tag legte, weil sie nicht eben groß gewachsen war mit ihren knapp 1,60 Metern. Ihre kleine Statur hatte jedoch auch ihr Gutes, das hatte sie über die Zeit beobachtet. Ihre Körpergröße weckte in ihren Verehrern den Beschützerinstinkt und ließ Grete verletzlicher wirken, als sie tatsächlich war, doch letzteres zeigte sie den Männern erst, wenn sie sie loswerden wollte.

Jetzt wollte sie alles andere als das und ließ sich aus diesem Grund noch weiter in die Arme von Hans fallen, der sie mühelos hielt. Gretes Atmung wurde schneller, und ihr Herz klopfte vor Begehren bis hinauf in den Hals.

Noch immer wähnte Grete sich in einem Traum, und so biss sie sich jetzt nicht nur vor unterdrückter Erregung auf die Zunge, sondern auch um zu prüfen, ob sie erwachen würde. Sie erwachte nicht, sondern schmeckte Blut in ihrem Gaumen, während Hans sie noch immer im Arm hielt, dann jedoch sachte zu ihrem Bett hindrängte. Grete ließ es gern geschehen. Als sie die Bettkante in ihren Kniekehlen spürte, ließ sie sich rücklings fallen und suchte dabei den Blick des Geliebten. Im Kerzenschein waren seine Augen grau, dennoch konnte sie das Begehren in ihnen erkennen, welches ihrem in nichts nachzustehen schien. Auch sein Atem ging jetzt schwer, und obwohl ihr Stübchen geheizt war, bildeten sich mit jedem Ausatmen kleine Wölkchen vor seinem Mund. Hans hielt Gretes Blick fest in seinem und ließ sich zu ihr auf das Bett sinken. Er zog ihr den Schal ab und glitt in einer fließenden Bewegung mit seinen Fingerspitzen an ihrem linken Ohrläppchen über den Hals und die Kehle hinab. Hier pausierte er für einen kurzen Moment, der Grete erbeben ließ. In dieses Beben hinein führte er nun seine Finger nur ein kleines Stück weiter hinab, um schließlich seine komplette Hand um ihren Hals zu legen und erneut zu verharren. Fordernd streckte Grete ihm ihren Oberkörper entgegen, doch erst nach einer kleinen Weile, die Gretes Begierde nach seinen Händen ins Unermessliche katapultierte, fuhr Hans fort. Auf Höhe ihrer Schlüsselbeine war der Mantel, den sie nach wie vor trug, mit einem Haken in einer Öse verschlossen, was Hans jetzt nicht davon abhielt, die darunter verlaufende Knopfreihe nach und nach zu öffnen und den Mantel wie ein Cape auseinanderzuschlagen. Flüchtig dachte Grete daran, dass sie jetzt wie ein Musketier im Wind aussehen musste, und vor ihrem inneren Auge flackerte das Bild von Hans in seinem Musketierkostüm auf dem Maskenball auf. War das tatsächlich erst knapp ein Jahr her? Auf ihrem Oberschenkel wurde es plötzlich kalt, und sie erschrak. Doch gleich darauf begann die kalte Stelle zu prickeln und schien heiß wie noch nie zu werden – die raue Hand von Hans lag darauf und begann den Schenkel langsam zu massieren. Gleichzeitig ließ er seine Hand hochwandern, so wie zuvor seine Finger an ihrem Hals hinabgeglitten waren mit dem einzigen Ziel, ihren Mantel zu öffnen. Die junge Frau stöhnte laut auf, und blieb danach schreckerstarrt liegen. Auch Hans hatte seine Berührungen abrupt gestoppt. Hatten die Eltern das Stöhnen gehört? Würde der Bürgermeister gleich an der Zimmertür rütteln? Beide lagen sie regungslos da und warteten. Noch immer hatten sie sich fest im Blick. Als sich vor der Tür nichts regte, schloss Grete vor Erleichterung ihre Lider und spürte kurz darauf, wie Hans dort weitermachte, wo er vor Minuten aufgehört hatte. Sie hielt die Augen geschlossen, um nur noch Gefühl zu sein, als sie Hans' Stimme an ihrem Ohr flüstern hörte: »Liebes, versuche, leise zu sein, sonst muss ich aufhören.«

»Ja ... nein, untersteh dich!«, hauchte sie zurück und steckte sich die Fingerknöchel der geballten Faust in den Mund. Und dann erfasste sie ein nie da gewesener Strudel an Gefühlen, während Merkers und ihr Körper sich erst gegenseitig erkundeten und dann – nach einer langen Weile, in der es weder Zeit noch Raum zu geben schien – miteinander verschmolzen. Erst, als sie sich wieder komplett voneinander lösten und der Rausch sich in der schummerigen Mansarde verflüchtigt hatte, öffnete die Bürgermeistertochter ihre Augen. Dann kamen die Tränen. Grete wusste selbst nicht, woher und warum. Es waren nicht viele, nur ein paar, von denen die meisten auf ihrem unteren Augenlid liegen blieben und erst, als sie blinzeln musste, ihre Wangen hinunterkollerten. War das ein Weinen vor unermesslichem Glück, welches sie eben erfahren hatte? Nein, das war es nicht. Sie spürte in sich hinein, und dann erkannte sie es. Sie weinte aus der Ahnung heraus, dass dieser Mann, der hier nackt neben ihr lag, ihr Schicksal war, und sie ihm nicht mehr entkommen konnte. Es waren nur ein paar lautlose Tränen gewesen, und die junge Frau hoffte, dass der Geliebte, der sich inzwischen erhoben hatte und seine achtlos in der Stube liegenden Kleider zusammenklaubte, um sie sich überzustreifen, sie nicht bemerkt hatte. Sie setzte sich in ihrem Bett auf und strich sich mit dem Handrücken das feuchte Rinnsal weg. Dabei versuchte sie es so aussehen zu lassen, als würde sie sich von einem störenden Haar befreien, doch es half nichts.

»Was ist mit dir?«, fragte Merker leise, doch es klang nicht zärtlich, sondern lediglich nach einer Stimme, die nicht gehört werden wollte. »Weinst du etwa?«

»Gibt es denn einen Grund?«, fragte Grete trotz des Kloßes in ihrem Hals forsch zurück – Merker musste nicht alle ihre Gedanken und Regungen kennen.

»Ich hoffe nicht«, erwiderte der Mann und sah dabei irgendwie zufrieden mit sich aus. Er weiß, dass ich ihm verfallen bin, dachte Grete erschrocken. Doch was sollte sie tun? Sie kannte sich mit diesem verwirrenden Gefühl nicht aus. Normalerweise behielt sie bei aller Emotion die Kontrolle über sich und verfolgte ihre Strategie. Bei Merker war das von Anfang an anders, und jetzt, nachdem sie sich im hingegeben hatte und es so unbeschreiblich wundervoll gewesen war, würde ihr alles, bis hin zu ihr selbst, gleichgültig sein, Hauptsache, sie müsste ihn nie wieder missen. Sie spürte, wie noch mehr Tränen gegen ihren Augapfel drückten. Gleichzeitig registrierte sie, wie Merker, der sich inzwischen fertig angekleidet hatte, auf sie zutrat. Als er sich zu ihr hinabbeugte, um ihr einen Abschiedskuss zu geben, drehte sie sich weg und sagte: »Sei leise, wenn du durch das Haus stapfst, nicht, dass die Eltern doch noch wach werden.« Dann vergrub sie ihr Gesicht in den Kissen und wartete auf das Geräusch der sich öffnenden und wieder schließenden Tür. Erst danach ließ sie den Tränen freien Lauf.

*

Es war ein Sonntagnachmittag. Nach wie vor beherrschte der Winter das Land, doch Gretes Wangen glühten heiß. Die Wut, die sie seit dem späten Vormittag nicht mehr losließ, war wie ein Fieber in ihr emporgekrochen und füllte inzwischen ihren ganzen Körper aus. Eben hatte sie sich endlich vom Kaffeetisch erheben können und mit der Ausrede, den Hund des Nachbarn spazieren führen zu wollen, war sie aus dem Haus in der Friedrichstraße 164B geflüchtet. Grete wünschte sich sehnlichst einen eigenen Hund und war froh, wenigstens leihweise die Hundedame Cora zu haben, die sie ausführen durfte, wann immer sie wollte. Jetzt stand sie mit der Leine in der Hand ein paar Meter weit vom Bürgermeisterhaus entfernt und wartete darauf, dass die Hündin mit ihrer Heckenschnüffelei vor ihrem Elternhaus, an dem sie wieder vorbei musste, nachdem sie Cora abgeholt hatte, fertig wurde. Das Haus war auf einem Eckgrundstück gebaut, und da die Stichstraße zudem hinauf zur Hauptstraße führte, an der sich der Marktplatz und die Arbeitsstätte ihres Vaters, das Brandner Rathaus, befanden, lag es in der Natur der Sache, dass an der Hecke, die es umgab, viele Menschen mit ihren Hunden vorbeigingen. Auch Grete wollte jetzt in diese Richtung, und am liebsten wäre sie losgestürmt, doch Cora ließ sich mit ihrer Schnüffelei Zeit. Vielleicht hatte sich der Schäferhund des alten Grothe hier einmal wieder verewigt. Die Grothes wohnten eine Straße weiter, und der Alte ging ständig mit seinem Hund Gassi, der gern sein Geschäft an eben jener Heckenecke verrichtete, an der Cora jetzt so interessiert war.

»Komm jetzt, Cora, genug Zeitung gelesen«, zog Grete Beier nun ungeduldig an der Leine, was der eleganten Königspudelhündin ein unwilliges Knurren entlockte. Dennoch hob sie den Kopf, blickte die junge Frau aus den treuen Hundeaugen an und setzte sich in Bewegung.

»So ist's brav«, lobte Grete den Vierbeiner und marschierte los – es war ein automatisches Lob und keines, das von Herzen kam, dafür war sie im Moment zu aufgebracht und mit ihren Gedanken meilenweit von ihrem Leihhund entfernt. Mit jedem Schritt nahm ihre Wut zu. Aber auch die Hoffnung, dass es nicht so war, wie sie gehört hatte. Ihr Ziel war das Haus Nummer 7 in der Bahnhofstraße, die vom Markt abging. Es war das Haus der Witwe Kamlott, die Zimmer untervermietete und eines davon seit dem 1. Februar 1906 auch an Hans Merker. Grete und er hatten die Entscheidung gemeinsam getroffen, da Hans bei einem ihrer nächtlichen Stelldicheins in Gretes Mansardenzimmer, die auf ihre erste Zusammenkunft in kurzen Abständen folgten, richtigerweise festgestellt hatte, dass sie ihr Glück herausforderten und Gretes Eltern über kurz oder lang sicher etwas bemerken würden. Darüber hinaus fand er es Gretes und seiner nicht würdig, sich dermaßen heimlich zu treffen, um ihre Liebe auszuleben. Zudem wäre es sehr viel praktischer, sich nicht mehr nur nachts treffen zu müssen. Als Grete ihm zugestimmt hatte, hatte er ihr erzählt, dass er unlängst gehört hatte, dass bei der Kamlott etwas frei wäre, er sich das Zimmer allerdings aufgrund seines spärlichen Gehalts und den Schulden, die er nach wie vor abtragen musste, nicht leisten konnte. Zunächst hatte Grete geschluckt und nichts erwidert, denn sie hatte gewusst, was er damit sagen wollte: Sie sollte das Zimmer zahlen. Aber wollte sie das? Hans hier und da einmal etwas von ihrem Taschengeld abzugeben, damit er mit seinen Kollegen ein Bier mehr trinken konnte, ohne am nächsten Tag auf sein Mittagsbrot verzichten zu müssen, war das eine, aber die Miete für ein Zimmer zahlen? Natürlich, leisten konnte sie sich das, aber wäre das richtig? Sie war an das kleine Mansardenfenster in ihrem Stübchen getreten und hatte hinaus in die Nacht geschaut. Es war Vollmond gewesen, und sie hatte den Schatten vom Mann im Mond genau erkennen können. Sie hatte daran gedacht, dass dieser Mann, wenn es ihn wirklich geben sollte, sicherlich einsam war. Wollte auch sie so einsam sein? Allein die Vorstellung, ohne Hans ihr Dasein zu fristen, hatte ihr Angst bereitet und eine große Leere in ihrem Inneren entstehen lassen, die sie sogar körperlich gespürt hatte – alle ihre Eingeweide hatten sich wie abgesprochen zusammengezogen und viel Platz für ein großes Nichts gemacht. Grete hatte gewusst: Wenn sie seiner unausgesprochenen Frage nicht stattgeben würde, dann würde Hans sich über kurz oder lang von ihr abwenden. Nicht weil er sie nicht liebte, sondern weil er sich von ihr nicht geliebt fühlen würde. Gerade in der letzten Zeit hatte er immer wieder kleine Beweise ihrer Zuneigung verlangt, die sie ihm gern erbracht hatte, weil er danach stets so befriedigt dreinblickte und es ihr selbst auch Spaß machte. Das Zahlen des Zimmers wäre ein solcher Liebesbeweis, selbst wenn er es nicht so ausgedrückt hatte. Grete hatte auch daran gedacht, dass es ja wirklich viel besser und sicherer wäre, wenn sie beide einen solchen Ort für ihre Treffen hätten und nicht ständig der Gefahr des Entdecktwerdens durch ihre Eltern ausgesetzt waren, die dann sicherlich dafür Sorge tragen würden, dass Hans aus ihrem Leben verschwand. Grete hatte noch einmal geschluckt und in eben diesem Moment Hans' Hand auf ihrer Schulter gefühlt. Dann hatte sie stumm genickt, und einen Tag später hatte Hans sein Zimmer bei der Witwe Kamlott bezogen. Für ein paar Tage hatte Grete im siebten Himmel geschwebt. Sie und Hans hatten sich jeden Tag getroffen und geliebt. Sie hatte sich ihm hingegeben, ganz ohne ihre Eltern fürchten zu müssen. Vorgestern war sie sogar in seiner Mittagspause in das Zimmer gekommen. Er hatte da bereits in seinem Bett gelegen und nur darauf gewartet, sie innig in seine Arme schließen zu können. Zwar hatte die Bürgermeistertochter jedes

Mal darauf geachtet, dass sie niemand sah, wenn sie das Haus in der Bahnhofstraße aufsuchte oder wieder verließ, doch im Grunde würde es nicht so schlimm sein, wenn ihre Besuche dort ihren Eltern zu Ohren kämen. Grete würde einfach behaupten, sie schaue nach einem der vielen Kamlott-Kinder und helfe diesem bei den Schularbeiten. Grete hatte sogar schon überlegt, ob sie das von sich aus der Mutter erzählen sollte, da ihr ein solch soziales Engagement sicherlich Pluspunkte bei Ida Beier einbringen würde, hatte es dann jedoch gelassen, um diesen Trumpf im Ärmel behalten zu können. Und was die Witwe selbst anging: Die Kamlott interessierte sich nicht dafür, wer in ihrem Hause ein und aus ging. Ihr war es allein wichtig, dass die Miete bezahlt wurde, um sich und ihre Kinder durchfüttern zu können, und das hatte Grete für ein paar Monate im Voraus getan. Als ihr das jetzt einfiel, ärgerte sie sich darüber. Wie hatte sie nur so dumm sein können? Sie war jetzt in der Mitte des Marktplatzes angekommen, blieb dort stehen und wandte sich noch einmal um. Sie musterte das Rathaus, die Wirkungsstätte ihres Vaters. Sie war stolz, seine Tochter zu sein. Ihr Vater war nicht nur ein liebevoller Mensch, er war auch einer, der mehr aus seinem Leben gemacht hatte. Er war tüchtig. Hans war auch liebevoll. Zu liebevoll, wie sich gezeigt hatte, aber dafür war er nicht tüchtig. Nicht genug zumindest. Natürlich arbeitete er, hatte aber für ein lustiges Leben lieber Geld unterschlagen, als sparsam zu sein und es langsam für die Zukunft anzuhäufen. Vielleicht hatte er es bisher in seinem Leben nicht leicht gehabt, wie er immer sagte, aber konnte man sich auf so einem Schicksal ausruhen? War es nicht besser, es einfach selbst in die Hand zu nehmen? »Jeder ist seines Glücks eigner Schmied«, hatte Gretes Großmutter gern gesagt, und Grete fand das auch. Gut, bis gestern hatte sie noch gedacht, sie sei das Glück für Hans, und das Geld, was sie für ihn ausgegeben hatte, als eine Art Investition in ihre gemeinsame Zukunft gesehen. Er hatte sie das auch durchaus glauben lassen. Jetzt wusste sie, warum! Ihre Augen wanderten nach oben und blieben an der Uhr hängen. Es war drei viertel vier. Ob Hans überhaupt in seinem Zimmer war? Es wäre ja auch möglich, dass er unterwegs war. Vielleicht war er auch noch unterwegs. Bei dem Gedanken daran hätte Grete gern etwas kaputt gemacht, um die brodelnde Wut in ihr etwas abzukühlen, doch mitten auf dem Marktplatz war das schwierig. Nicht wegen der Leute, die sie sehen könnten, es war nicht viel los, sondern weil es nichts gab. Noch nicht einmal einen Brunnen, in den sie einen Stein hätte hineinschmeißen können.

Grete schaute neben sich, wo Cora geduldig saß und darauf wartete, dass die junge Frau weiterging. Sie musste nicht lange warten. »Komm«, sagte Grete und marschierte im Stechschritt die wenigen Meter in die Bahnhofstraße hinein. Das Haus der Witwe war eines der ersten, und als sie eines der Kamlott-Kinder sah, holte sie ein paar Münzen aus ihrem Beutel, gab ihm die Leine von Cora in die eine Hand, die Münzen in die andere und trug dem Kind, einem Jungen mit laufender Nase und schmutzigen Hosen, auf: »Pass bitte auf meinen Hund auf, bis ich wieder da bin. Es dauert nicht lange. Und zu niemandem ein Wort darüber!«

Grete stieg die schmalen Stiegen zu Hans' Zimmer hinauf. So wütend sie auch immer noch war, wurden ihre Schritte von Stufe zu Stufe langsamer. Dabei klopfte ihr Herz wild vor Aufregung. Was wollte sie Hans eigentlich sagen? Vielleicht stimmte es ja auch alles nicht. Vorhin, nach dem Gottesdienst auf dem Kirchhof, hatte sie diese Möglichkeit gar nicht in Betracht gezogen und den Freundinnen, darunter auch Berta Winkler, sofort geglaubt, was diese ihr berichtet hatten. Sie hatten es nicht getan, um ihr wehzutun, denn keine außer Berta wusste, dass sie sich noch immer mit Hans Merker traf. Sie hatten es ihr erzählt, um sie zu beglückwünschen, dass sie auf den Hallodri, wie Emma Drinkuth Hans genannt hatte, nicht hereingefallen war. Berta hatte bei der Aussage nur still und betroffen geguckt. Dann hatte sie versucht, die anderen zum Schweigen zu bringen, doch denen machte es Spaß, die Neuigkeit wie alte Waschweiber zu verbreiten. »Hier in Brand passiert doch sonst nichts, und da denkst du, liebe Berta, wir halten züchtig den Mund, wenn eine von uns fast so einem wie diesem Merker, der ja nun durch seine Arbeit in der Saxonia-Hütte auch irgendwie zu Brand gehört, verfallen wäre? Außerdem interessiert es Grete sicher brennend, was ihr ehemaliger Verehrer so treibt, nicht wahr?«, hatte daraufhin Pauline Mansfelder erwidert und der Bürgermeistertochter einen schadenfrohen Blick zugeworfen. Es war kein Geheimnis, dass Pauline in Grete eine Rivalin sah, vor allem, da Grete bisher stets als die Bessere aus selbst aufgestellten Wettbewerben hervorgegangen war. Das war schon seit jeher so. In der Schule hatte Grete die besseren Noten eingeheimst, das Klavierspiel, das beide bei demselben Lehrer gelernt hatten, fiel Grete sehr viel leichter, und während Paulines Technik perfekt war, kam bei Grete noch die emotionale Seite, die Interpretation der zu spielenden Musikstücke zum Tragen, die die Zuhörer in ihren Bann zog. Vor allem aber hatte Grete ihre Verehrer, während Pauline noch immer darauf wartete, dass ihr wenigstens einmal ein junger Mann den Hof machen würde. Dabei sah die junge Frau nicht hässlich aus und würde eine gute Mitgift in eine Ehe mitbringen. Es lag vielmehr daran, dass es in der Familie Mansfelder einige Geistes-kranke gab und die Vermutung hier nahelag, dass dies eine Erbkrankheit war. Gerade die Mansfelder Frauen schienen von dieser Erbkrankheit immer wieder besess-sen, und das wirkte durchaus abschreckend auf poten-zielle Verehrer. Auch Grete hatte eine Urgroßmutter, die als geisteskrank gegolten hatte und sogar in einer Irrenanstalt gestorben war, doch schien das eine Aus-nahme im Stammbaum der Bürgermeistertochter dar-zustellen, während es in dem von Pauline Mansfelder die Regel war.

»Ach Pauline, ich merke ja, wie sehr du darauf brennst, es mir zu erzählen, also nur zu«, hatte Grete auf Paulines Worte hin spitz erwidert und gehofft, dass diese nicht merkte, wie gespannt sie bereits war. Als Grete dann jedoch Bertas betrübten Blick aufgefangen hatte, der zugleich Mitleid ausdrückte, war sie sich gar nicht mehr so sicher gewesen, ob sie das, was es über Hans Mer-ker zu erzählen gab, überhaupt hören wollte. Ihr war keine Zeit geblieben, es sich zu überlegen, denn Pauline hatte bereits mit dem Wispern angefangen. Als sie geendet hatte, war Grete froh darüber gewesen, dass Berta an ihre Seite getreten war und sie, unbemerkt von den anderen, stützte. Ihr war bei den ungeheuerlichen Worten von Pauline, die hier und da mit einem Detail aus dem Mund von Emma Drinkuth ergänzt worden waren, schwindelig geworden, und wäre Berta nicht gewesen, wäre sie womöglich wie ein schmelzender Schneemann in sich zusammengesunken. Gerade noch rechtzeitig hatte Berta sie unter dem Vorwand weggezogen, dass es nun Zeit wäre, nach Hause zu gehen und ihr Bruder bereits warten würde.

Tatsächlich hatte Bertas Bruder fröstelnd im neuen Coswiga, dem ganzen Stolz der Familie Winkler, gewartet. Bertas Vater hatte den Wagen erst vor etwa drei Monaten angeschafft, und seitdem überboten sich ihre Brüder darin, Berta zu Verabredungen zu bringen und abzuholen. Grete war bis jetzt noch nicht in den Genuss gekommen, im Coswiga kutschiert zu werden, da es ein Zweisitzer war. Darum hatte Bertas Bruder auch nicht schlecht gestaunt, als seine kleine Schwester ihre Busenfreundin auf den Sitz schob und sich daneben quetschte. Grete hatte es ihm angesehen, als er jedoch nichts gesagt, sondern stattdessen den Motor gestartet hatte und losgefahren war, hatte auch sie den Mund gehalten.

»Stimmt es?«, hatte sie Berta während der ruckeligen Fahrt ins Ohr geflüstert und dabei deren Hand genommen. Grete hatte gezittert und nicht gewusst, ob es aus ihrem Inneren kam oder durch die kalte Luft hervorgerufen wurde.

»Ich fürchte ja«, hatte Berta geantwortet. »Ich habe das in den letzten Tagen öfter gehört, wusste nur nicht, wie ich es dir sagen sollte. Es tut mir leid, dass du es nun von Pauline erfahren musstest.«

Unter normalen Umständen hätte Grete mit ihrer Freundin geschimpft und ihr gesagt, dass sie ihr immer alles, was ihr zu Ohren käme, gleich sagen sollte, aber es waren keine normalen Umstände, und so hielt die Bürgermeistertochter ihren Mund und sagte kein Wort mehr, bis die Geschwister Winkler sie zu Hause abgesetzt hatten.

»Stimmt es?«, fragte Grete auch jetzt, doch dieses Mal hatte ihre Stimme einen scharfen Ton. Sie war eben, ohne zu klopfen, in das unverriegelte Zimmer von Hans Merker getreten, der in seinem Bett lag und sie nun aus schläfrigen Augen verständnislos anblickte.

»Was soll stimmen?«, fragte er müde, nachdem er sich aufgesetzt hatte.

»Deine Untreue? Du treibst es auch mit anderen? Mit lockeren Weibsbildern, die du in irgendeinem Gasthaus aufgabelst, wenn ich keine Zeit für dich habe?«, sprudelte es aus Grete heraus, die noch immer im Türrahmen stand. Es lag nicht daran, dass ihr ein alkoholgeschwängerter Geruch gemischt mit abgestandener Luft entgegengeströmt war, sobald sie die Zimmertür geöffnet hatte. Sie war nicht eingetreten, damit der Schmerz in ihr nicht noch größer wurde, sollte das Gerede über den Mann, dem sie sich und ihr Herz geschenkt hatte, wahr sein. Sie wollte instinktiv Distanz wahren.

»Wer hat dir denn so etwas erzählt?«, fragte Merker und wich Grete dadurch mit einer Gegenfrage aus, wie sie sofort registrierte.

»Ich habe meine Quellen«, gab sie scheidend zurück.

»Und was sagst du nun zu den Vorwürfen?«

»Gar nichts, weil ich sehe, dass du mir nicht vertraust«, kam es beleidigt zurück.

»Vertrauen ist gut, Kontrolle ist besser«, erwiderte Grete, deren verzweifelte Wut mit jedem Wort von Merker anwuchs. Sie hatte so sehr gehofft, dass er sie in den Arm nehmen und sie unter Liebesschwüren beschwichtigen würde. Stattdessen gab er ihr das Gefühl, hysterisch zu sein. Außerdem wusste sie von ihrem Vater, der als Bürgermeister allerlei kleinpolitische Kämpfe auszufechten hatte, dass Menschen, die Gegenfragen stellten und bockig wurden, anstatt auf ihr Gegenüber einzugehen, meist etwas zu verbergen hatten. So trat sie nun doch in den Raum und ging schnurstracks auf den Kleiderberg zu, der achtlos neben dem Bett lag. Als sie mit spitzen Fingern nach dem Hemd griff, das unter der Hose hervorlugte, schnellte Merkers Hand nach vorn und griff rüde nach ihrem Handgelenk.

»Was machst du da«, zischte Merker ihr zu, und sie zischte ebenso giftig zurück: »Lass mich los, sonst schreie ich.«

»Das wagst du nicht«, sagte Merker, während aus seinen Augen Blitze zu schießen schienen, doch lockerte er tatsächlich seinen Griff, sodass Grete sich ihm entziehen konnte. So hatte sie Hans noch nie erlebt. Er war ein komplett anderer Mensch, und für einen Moment graute ihr vor dem Mann, den sie bisher nur als zärtlichen Liebhaber erlebt hatte. Aber er hat auch Geld veruntreut und riskiert, dafür ins Gefängnis zu kommen – er ist skrupellos, schoss es ihr durch den Kopf. Sie führte das Hemd, das sie trotz seiner Reaktion hatte greifen können, an ihre Nase. Es roch nach Schweiß, Bier und billigem Parfüm. Grete fühlte sich bestätigt. Auch konnte sie am Hemdkragen nicht nur einen Schmutzrand ausmachen, sondern an der linken Seite einen rosafarbenen Fleck. Wahrscheinlich Lippenstift, dachte sie traurig und wütend zugleich. Rückwärts schritt sie langsam zu der noch immer offenstehenden Tür zurück. Sie musste die Tränen unterdrücken, als sie ihm die Worte ins Gesicht schleuderte: »Es ist aus, Johannes Merker! Ich möchte dich nie wiedersehen!«

Während sie sich herumdrehte, um die Treppen herunterzueilen, hörte sie, wie er ihr hinterherrief: »Ja, es stimmt. Und eines kann ich dir sagen, verehrtes Fräulein Bürgermeistertochter: Die anderen Weiber hatte ich, weil sie mich so nehmen, wie ich bin, und deren Eltern wären froh, mich als Schwiegersohn zu bekommen!«

»*Über das Weib als Verbrecherin ist viel geschrieben und gesprochen worden. Die großen Sünderinnen und Übeltäterinnen der Vergangenheit, die Giftmischerinnen und Fälscherinnen, die Mörderinnen und Betrügerinnen gleichen sich nicht. Auch Grete Beier ist kein Typ. Auch hier bleibt das Weib ein Rätsel, eine Sphinx.*«

(Berliner Tageblatt vom 29. Juni 1908
zur Täterpsychologie von Grete Beier)

4. ZERSTREUUNG
25. FEBRUAR 1906

Seit sie vor ein paar Tagen das Haus der Witwe Kamlott unter Tränen verlassen hatte, hatte sich Gretes Gemütszustand nicht verbessert. Sie schwankte zwischen größter Wut auf ihren ehemaligen Geliebten und tiefer Traurigkeit, ihn nicht mehr zu sehen.

»Am liebsten würde ich ihn umbringen«, hatte sie zu Therese Kunze gesagt, der sie ihr Leid geklagt hatte. »Dann könnte ich um ihn trauern und er mir vor allem nicht mehr wehtun!«

»Oh Grete, sag so etwas nicht«, hatte die Hebamme erwidert und ihr tröstend über den Arm gestrichen. »Du wirst über ihn hinwegkommen, und das beste Mittel dafür ist Ablenkung.«

»Recht hast du, Therese, ein Trauerkloß zu sein, gefällt mir nicht«, hatte die Bürgermeistertochter erwidert und sich daraufhin in allerlei Vergnügungen gestürzt, die ihr tatsächlich die gewünschte Zerstreuung gaben. Wenn sie jedoch nachts allein in ihrem Bett lag, kam der Katzenjammer zurück, und Grete begriff, dass Liebe nicht einfach wegzudenken war. Ihre Eltern hingegen unterstützten die Unternehmungen ihrer Tochter. Sie freuten sich, dass Grete anscheinend kein Fest auslassen wollte. Sie war ihnen in letzter Zeit doch recht häuslich vorgekommen, abgesehen von ihren langen Abendspaziergängen mit Cora – nur Grete und ihre Vertrauten Berta und Therese wussten, dass diese Abendspaziergänge schnurstracks in die Bahnhofstraße zu Hans Merker geführt hatten. Theodor und insbesondere seine Frau Ida Beier hofften darüber hinaus, dass Grete auf einer der Gesellschaften einen passenden Verehrer kennenlernen würde. Aus diesem Grund hatten sie ihrer Tochter gern gestattet, eine kleine Reise in das nicht weit entfernte Chemnitz zu unternehmen. Sie war von einem dort lebenden mit ihr befreundeten Ehepaar eingeladen worden, um gemeinsam den Maskenball der Ingenieure zu besuchen.

Während sie jetzt mit ihren Chemnitzer Freunden die Räume des »Ballhauses Eintracht« betrat, musste sie an ihren letzten Maskenball denken. Auf den Tag genau war er ein Jahr her. Grete hatte abermals ihr Zigeunerinnenkostüm an, doch einen Musketier konnte sie dieses Mal in der Menschenmenge nicht entdecken. Vielleicht war es doch keine so gute Idee gewesen, gerade heute wieder so ein Fest zu besuchen. Was Hans wohl gerade macht?, überlegte sie niedergeschlagen. Wahrscheinlich hat er mich bereits vergessen und amüsiert sich mit einem seiner liederlichen Weiber. Inzwischen wusste sie, dass er ihr nicht nur einmal untreu gewesen war, sondern fast während der gesamten Zeit ihrer Beziehung. Als ihr das jetzt in den Sinn kam, übermannte sie wie jedes Mal der Zorn. Sie presste die sonst so vollen Lippen zu einem schmalen Schlitz zusammen, drückte ihr Kreuz durch, hob den Kopf an und schritt hinter ihren Freunden auf ihren Tisch zu. In ihrem Rücken spürte sie die bewundernden Blicke, die auf ihr ruhten. Was du kannst, kann ich auch, Johannes Merker, dachte sie und zauberte ein einnehmendes Lächeln auf ihren Mund.

⁂

»Darf ich Sie um den nächsten Tanz bitten?«

Vor Grete stand ein Bekannter ihrer Freunde, mit denen sie hier war – diese hatten ihn bereits von Weitem gegrüßt, das hatte sie mitbekommen. Er war nicht großartig verkleidet. Lediglich eine Augenklappe, die er jedoch auf der rechten Stirnseite und nicht über dem Auge trug, rechtfertigte seine Teilnahme an diesem Maskenball und, wie Grete später erfahren sollte, die Tatsache, dass er Ingenieur war und somit in der Branche arbeitete, die das Fest ausrichtete.

Die Bürgermeistertochter war alles andere als sofort eingenommen von dem Herrn, der sich ihr als Curt Preßler vorstellte. Er war offensichtlich etliche Jahre älter als sie, hatte bereits ausgeprägte Geheimratsecken und auch sonst recht lichtes Haar und einen Bauchansatz, wie Grete an der sich über seiner Körpermitte spannenden Weste erkannte. Was sie mochte, war sein Schnauzbart, den er so üppig und voll Stolz trug wie der deutsche Kaiser. Und Curt Preßler sah vermögend aus. Darüber hinaus hatte sie genug von den aufdringlichen Aufmerksamkeiten, die seit dem Anfang des Abends vonseiten der jungen Herren auf sie eingeströmt waren. Sicherlich hatte sie sie durch ihre Haltung und das aufgesetzte Lächeln herausgefordert, dann jedoch schnell festgestellt, dass ihr nicht nach amourösen Unterhaltungen war. Die Komplimente hatten sie im Gegensatz zu sonst erst gelangweilt und dann aufgebracht. Sie hatte sich wiederholt anhören müssen, wie hübsch sie sei. Auch Hans hatte ihr das immer wieder gesagt, und was hatte es gebracht? Hatten ihr adrettes Aussehen und ihre vollkommene Hingabe ihn an sie binden können? Nein, er hatte sie trotzdem betrogen.

Als sie jetzt Curt Preßler in seine wässrig grauen Augen blickte, beschloss sie, dass der nächste Mann sie wegen ihres Geistes mögen, wenn nicht gar lieben sollte. Dieser Oberingenieur erschien ihr für den ersten Versuch der Richtige, da sie annahm, dass sein Alter ihm in dieser Hinsicht zum Vorteil gereichte. Er wird ein wenig Erfahrungen mit Frauen haben und auch hinter eine hübsche Fassade schauen wollen, spekulierte sie, und so sagte Grete Beier charmant: »Warum nicht, aber zunächst möchte ich meinen Tanzpartner etwas besser kennenlernen. Warum setzen wir uns nicht, und Sie erzählen mir etwas von sich. Der übernächste Tanz gehört dann Ihnen.«

Grete verbrachte den Rest des Abends mit Preßler an ihrer Seite. Hin und wieder erinnerte sie sich daran, dass sie vor einem Jahr einem anderen Mann ihre komplette Aufmerksamkeit geschenkt hatte, und wie anders das doch gewesen war. Bei Curt Preßler dachte sie keine Sekunde an eine Romanze oder gar mehr. Es prickelte auch nicht, wenn er sie zufällig einmal berührte. Sie fand ihn nett und aufmerksam, doch das war auch schon alles. Außerdem war er ihr Versuchskaninchen in Hinsicht darauf, wie man einen Mann durch Intellekt um den Finger wickelt. Es schien zu funktionieren, denn abgesehen von der Zeit ihrer gemeinsamen Tänze unterhielten sie sich nahezu unablässig. Der akademisch gebildete Curt Preßler war interessiert an dem, was Grete in ihrer Freizeit gern machte, und hörte ihr aufmerksam zu, als sie von Brand erzählte und dem, was ihr Vater bereits für das kleine Städtchen getan hatte. Und er lachte über ihre Witze. Grete fragte ihn ebenso nach seiner Person, wobei sie ihm nicht zeigte, wie sehr es sie langweilte und tapfer weiter lächelte, als er von seinem Beruf erzählte – Preßler war verbeamteter Oberingenieur beim Sächsischen Dampfkesselrevisionsverein. Als ihre Freunde aufbrechen wollten, verabschiedete sie sich gut gelaunt von ihrem neuen Bekannten, da sie sich sicher war, dass ihre Persönlichkeit und nicht nur ihr Äußeres ihn angezogen hatten. Immerhin hatte Preßler ihr vor seinem Handkuss zum Abschied gesagt: »Vielen Dank für den überaus geistreichen Abend, Fräulein Beier, ich hoffe auf ein baldiges Wiedersehen.«

In dieser Nacht schlief Grete zum ersten Mal nach ihrem Bruch mit Hans Merker zufrieden ein und bis zum Morgen durch.

»*Man rückt dem Verständnis des rätselhaften Wesens erst näher, wenn man neben den offenbaren Hauptagentien ihrer Handlungen – Sinnlichkeit und Angst – immer den ganzen Komplex der Verhältnisse, in denen sie sich entwickelt und ihre Lebensführung sich mißgestaltet hat, im Auge behält.*«

(Autor und Journalist Paul Lindau
über Grete Beier, München 1909)

5. AUS SPASS WIRD ERNST
MÄRZ 1906

Kurz nachdem Grete wieder aus Chemnitz zurück in Brand war, fing Therese Kunze sie ab, als sie nach einem ausgedehnten Spaziergang mit Berta das Beiersche Grundstück betrat. Berta hatte ihr gerade erzählt, dass sie sich am Abend zum ersten Mal allein mit Fritz Oelzner treffen wollte. Hierfür hatte sie Grete um ein Alibi gebeten, da sie nicht wollte, dass ihre Eltern davon erfuhren.

»Ich möchte erst einmal sehen, wie es so vorangeht mit Fritz. Du weißt ja, dass ich bisher noch keinen Mann allein getroffen habe, und ich möchte meine Eltern nicht unnötig aufregen, verstehst du?«, hatte Berta erklärt, und Grete hatte sich sofort bereit erklärt.

»Aber natürlich, Bertilein, das kann ich gut nachvollziehen. Vor allem nach den Erfahrungen, die ich gemacht habe. Sag einfach, du bist mit mir unterwegs. Ich werde wiederum meinen Eltern sagen, dass ich etwas mit dir unternehme, und dann einfach noch einmal mit Cora länger spazieren gehen. Sie und unsere Nachbarn werden sich freuen«, hatte Grete erwidert, und die Sache war damit abgemacht.

»Hallo, Therese, du schaust so bedrückt. Ist etwas passiert?«, fragte Grete jetzt, als sie die Hebamme bemerkte.

»Das weiß ich nicht, aber ich habe etwas für dich. Magst du kurz zu mir hereinkommen?«, entgegnete Therese Kunze.

»Na du machst es aber spannend«, stellte die Bürgermeistertochter fest. »Ich sag kurz der Mutter Bescheid, und dann komme ich zu dir.«

Therese Kunze saß an ihrem Küchentisch, als Grete ihre Wohnung betrat. »Und was hast du für mich«, fragte sie fröhlich – sie freute sich noch immer über Bertas plötzliche Entschlossenheit, auch einmal auszubrechen und nicht genau das zu tun, was ihre Eltern und die Gesellschaft von ihr erwarteten. Natürlich gefiel es ihr dabei sehr, auch in dieser Hinsicht Bertas Vertraute zu sein – kannte sie sich selbst doch ausreichend gut damit aus, Konventionen zu missachten, und fühlte sich zudem nun besser von der Freundin verstanden. Als Grete nun jedoch in das ernste Gesicht der Hebamme blickte, kräuselte sie die Stirn und wartete ab. Die Hebamme ihrerseits sagte kein Wort, als sie aus der Küchentischschublade einen verschlossenen Brief herauszog und ihn der Tochter ihrer Vermieter hinüberschob. Es stand keine Adresse, sondern lediglich Gretes Namen darauf, was bedeutete, dass der Absender Therese Kunze den Brief persönlich gegeben hatte. Denn dass diese ihn nicht selbst geschrieben hatte, war Grete sofort klar gewesen. Sie kannte die Schrift auf dem Kuvert zu gut. Sie atmete einmal tief ein und entließ die Luft begleitet von einem kleinen Seufzen aus ihren Lungen. Ohne den Brief aus den Augen zu lassen, als würde er sich sonst auflösen, zog sie sich den einfachen Küchenstuhl heran, der unter den Tisch geschoben stand. Erst als sie sich darauf niedergelassen hatte, nahm sie mit zittrigen Händen den Brief von der Tischplatte auf. Ihre eben noch von der frischen Frühlingsluft rosigen Wangen hatten jegliche Farbe verloren. Mit belegter Stimme fragte Grete: »Wo hat er ihn dir gegeben?«

»Er hat mich auf dem Markt abgepasst«, antwortete die Hebamme.

»Hat er was dazu gesagt?«

»Nein, nur dass ich dir den Brief aushändigen soll. Mehr nicht.«

»Was für einen Eindruck hattest du von ihm? Meinst du … meinst du, er bereut?«, fragte Grete jetzt, und ihr Ton hatte eine Spur Hoffnung angenommen.

»Das kann ich dir nicht sagen, Gretelein, aber er wirkte auf mich nervös. Irgendwie gehetzt. Öffne seinen Brief und du wirst du es gleich wissen«, riet Therese Kunze. Dann stand sie auf und machte sich an ihrem Herd zu schaffen. Grete öffnete indessen den Brief, wofür sie ein sauberes Buttermesser nahm, das wie immer auf dem Tisch neben der Butterdose lag. Sie zog das Papier heraus, entfaltete es und begann zu lesen. Es stand nicht viel auf dem Bogen, doch die wenigen Zeilen brachten Grete auf.

»Was denkt der sich eigentlich!«, rief sie in die Stille der Küche hinein und wedelte mit dem Brief in Richtung der Hebamme, die Grete nun abwartend anblickte. »Der hat doch tatsächlich geschrieben, dass er es für eine Unverschämtheit hält, dass ich genau an unserem Jahrestag einen Maskenball besucht habe, um dort einem anderen Mann schöne Augen zu machen, und deswegen nun unsere Beziehung für beendet erklärt. Das ist doch wohl die Höhe! Dabei war er doch der Ungetreue, und ich habe ihn schon vor Wochen verlassen! Und außerdem: Woher weiß er das eigentlich?«

»Oh Grete, du musst noch viel über die Männer lernen«, sagte Therese Kunze ruhig und stellte der Bürgermeistertochter ein Glas Wein hin, das sie mit Wasser verdünnt hatte. »Kein Mann mag es, wenn eine Frau ihn, warum auch immer, verlässt. Sie wollen auch im Streit die Hosen anhaben und den Schlussstrich ziehen. Das brauchen sie für ihr Ego. Da ist Hans Merker nicht anders. Und woher er das weiß? Brand ist klein und du bist die Tochter des Bürgermeisters. Klatsch und Tratsch verbreiten sich hier schnell. Außerdem ist Chemnitz die nächst größere Stadt nach Freiberg, von dort sind Nachrichten immer stets willkommen. Nun trink erst einmal einen Schluck und beruhige dich.«

»Pah, den Wein trinke ich gern, danke, aber beruhigen? Weißt du was, ich schreib ihm zurück, der wird sich noch umsehen!«, erwiderte Grete, griff nach dem Glas, führte es an ihren Mund und trank es mit nur wenigen Schlucken aus. Gleich darauf bat sie die Hebamme um Zettel und Feder.

»Willst du ihm wirklich antworten?«, fragte Therese mütterlich besorgt und gab zu bedenken: »Das möchte er doch nur, denn auf diese Weise trittst du wieder in Kontakt zu ihm. Und immerhin hast du bereits vor ein paar Wochen mit ihm gebrochen. Ich weiß, es schmerzt dich noch immer, und vergessen hast du Hans noch lange nicht, aber mit jedem Tag ist es dir doch besser gegangen. Wenn du ihm zurückschreibst, reißt deine Wunde nur wieder auf. Überleg es dir also gut oder schlaf wenigstens eine Nacht darüber. Jetzt bist du aufgebracht und wählst vielleicht Worte, die du später bereuen wirst.«

»Ach was, was gibt es nach so einem unverschämten Brief noch zu überlegen? Ich muss antworten, schon, um mir ein letztes bisschen Stolz zu bewahren. Solche Worte kann ich doch nicht auf mir sitzen lassen. Er ist der Betrüger! Und was die Wunde an meinem Herzen angeht, die steht bereits wieder klaffend offen«, entgegnete Grete und bat die ältere Freundin erneut um etwas zu schreiben und ein Briefkuvert.

Zehn Minuten später hatte sie Hans Merker einen Abschiedsbrief geschrieben, der seinem in nichts nachstand. Sie las ihn nicht noch einmal durch, stattdessen hielt sie Therese Kunze ihr leeres Glas hin und bat: »Kannst du mir noch Wasser nachschenken?«

»Nur Wasser oder auch Wein dazu?«

»Wasser reicht.«

Als die Hebamme ihr das gefüllte Glas auf den Tisch zurückgestellt hatte, benetzte Grete die Kuppe ihres Zeigefingers mit Wasser, um dann damit auf vereinzelte Worte des Briefes zu tippen, sodass die Tinte leicht verschwamm. Verwundert fragte ihre Gastgeberin: »Was machst du da?«

»Hans soll denken, dass ich geweint habe, während ich den Brief an ihn schrieb. Ob aus Wut oder Trauer kann er sich aussuchen, aber ich möchte ihm ein schlechtes Gewissen bereiten, und wenn ich eines über Männer weiß, dann, dass Tränen dazu dienlich sind«, erklärte Grete sachlich, während sie ihr Werk betrachtete. Dann ließ sie den Brief einige Zeit trocknen bevor sie ihn faltete, in das Kuvert steckte, das sie bereits mit »Johannes Merker persönlich« beschriftet hatte und es der Hebamme überreichte, damit diese den Brief dem ehemaligen Geliebten überbringen konnte. Anschließend ging sie in die elterliche Wohnung hinauf, wo ihre Mutter sie in der Diele empfing: »Grete, da ist ein Brief für dich angekommen, er liegt auf der Anrichte.«

»Danke, Mutter«, sagte Grete und wandte sich mit klopfendem Herzen der Anrichte zu. Hatte Hans ihr etwa noch einen Brief geschrieben? An die Adresse ihrer Eltern? Aber wieso hätte er das tun sollen? Sie betrachtete den Brief, ohne ihn aufzunehmen. Der Umschlag war aus feinem Büttenpapier, und auch die Schrift darauf kannte Grete nicht. Von Hans war der Brief also definitiv nicht. Noch immer unter dem Schock von Johannes Merkers Brief stehend war der Bürgermeistertochter überhaupt nicht danach, den nun vor ihr liegenden zu öffnen. Was, wenn er noch eine unangenehme Nachricht enthielt? Eine reiche Grete für den Tag. Vielleicht hatte eines von Merkers Weibsbildern an sie geschrieben, wobei sie bezweifelte, dass auch nur eine von denen so teures Büttenpapier besaß. Sie hatte inzwischen gehört, dass er seine Frauen meistens in Wirtshäusern aufgabelte, doch wer wusste das schon so genau. Sie hatte Merker ja auch kennen und lieben gelernt und besaß solches Briefpapier. Sogar ihr Monogramm war darauf gedruckt.

»Willst du ihn nicht aufmachen?«, unterbrach Ida Beier die Gedankengänge ihrer Tochter. Die Bürgermeisterfrau war leise von hinten herangetreten, und Grete fand, dass in deren Worten eine gewisse Neugier mitschwang. Oder war es eher die ewige Kontrollsucht ihrer Mutter, die diese mal wieder nicht unterdrücken konnte?

»Ich mach es später, ich bin müde und möchte mich einen Augenblick hinlegen«, meinte Grete, um ihrer Mutter zu entkommen. Sie griff nach dem Brief, um ihn mit in ihre Stube zu nehmen, doch ihre Mutter war schneller. Flink hatte sie sich den Brief geschnappt und hielt ihn nun ihrer Tochter vor die Nase, während sie mit zusammengekniffenen Augen den Absender las: »Er ist von einem gewissen Curt Preßler mit einer Chemnitzer Anschrift. Ich nehme an, du hast ihn dort kennengelernt. Ein neuer Verehrer? Hoffentlich ist es dieses Mal ein ordentlicher Mann, wobei zumindest das Briefpapier für ihn spricht.«

※

Dem ersten Brief von Curt Preßler folgten noch einige mehr, was sicherlich auch daran lag, dass Grete dem Chemnitzer fleißig antwortete. Sie schrieb ihm aus ihrem Alltag, wobei sie eher von ihrem Klavierspiel zur Teestunde und ihren Stickarbeiten berichtete und nicht von dem, was in ihrem Inneren vorging. Natürlich hätte sie ihm sowieso nie von Merker und dem Schmerz, den sie wegen dieses Mannes noch immer empfand, erzählt. So gut kannte sie Preßler schließlich nicht. Darüber hinaus war sie sicher, dass der Oberingenieur an diesem Teil ihres Lebens auch nicht interessiert war. Grete hatte bereits nach dem ersten Brief von ihm begriffen, dass Preßler das junge sittsame Fräulein in ihr sehen wollte, das er meinte, auf dem Ball in Chemnitz kennengelernt zu haben. Ihr machte es auf eine absonderliche Weise Spaß, diese Rolle weiterhin für Preßler zu spielen, war sie doch neu für Grete. Auch gefiel sich Grete darin, ihre Freundin Berta Winkler zu kopieren, denn nichts anderes tat sie, wenn sie Preßler schrieb. Sie dachte einfach nur daran, wie und wovon Berta einem Mann erzählen würde, während sie ihre Briefe verfasste, und schon flossen die Worte in ihrem Kopf direkt in die Feder und auf das Papier. Grete ging so sehr in ihrer Rolle für Preßler auf, dass sie manches Mal in den Spiegel schaute und meinte, sie hätte sich auch optisch verändert. Kräuselten sich ihre Haare nicht weniger wild? Und war ihr Lächeln nicht auch irgendwie weiser oder zumindest besonnener? Ich würde sicher eine erfolgreiche Schauspielerin abgeben, dachte sie dann. So eine wie Johanna Buska, die nicht nur von einem König geliebt, sondern über die sogar ein Buch geschrieben worden war. Und das von keinem Geringeren als Theodor Fontane. Das Buch hieß nicht so wie die Schauspielerin, sondern irgendwas mit einem Grafen, Grete hatte den genauen Titel vergessen, weil es sie nicht sonderlich interessiert hatte, als ihr davon berichtet worden war. Fritz Oelzner hatte ihr von Johanna Buska und dem Buch über sie erzählt – er ging gern ins Theater und kannte sich auch mit Schauspielern aus, selbst wenn er sie noch nicht auf der Bühne erlebt hatte.

Ihr reger Briefwechsel mit Preßler hatte auch noch einen anderen Grund: Merker. In gewisser Weise hatte Grete das Gefühl, es ihm so gleichzutun. Hans Merker hatte sie zwar körperlich betrogen, doch war ein intensiver Austausch von Worten nicht auch irgendwie eine Art Verrat? Schließlich hatte Merker in seinem Brief an sie deutlich gemacht, was er davon hielt, wenn sie sich ohne ihn amüsierte und mit anderen Männern verkehrte. Und das hatte sie mit Curt Preßler eindeutig.

Genau mit dieser inneren Befriedigung, es Merker jeden Tag erneut heimzuzahlen, stieg Grete jetzt aus dem Mittagszug am Brandner Bahnhof aus. Sie war in Freiberg gewesen, um sich dort Stoff für ein neues Frühjahrskleid auszusuchen, das ihre Mutter ihr schneidern wollte.

»Grete«, hörte sie plötzlich eine wohlbekannte Stimme hinter sich. Sie blieb abrupt stehen. Ohne sich umzudrehen, flüsterte sie mehr für sich: »Hans!« Sie hatte es erwartet, ihm über kurz oder lang in Brand über den Weg zu laufen, dennoch begann ihr Herz wild zu klopfen, woraufhin sie beschloss, einfach weiterzugehen. Als sie ihre Schritte nun eilig fortsetzte, rief Johannes Merker ihr hinterher: »Grete, nun warte doch. Lass uns reden.«

Stumm setzte sie ihren Weg fort, doch Merker holte auf und war bald an ihrer Seite: »Grete, mein Gretelein. Es tut mir leid. Ich … ich vermisse dich.«

In Gretes Kopf purzelten die Gedanken durcheinander, doch zwei hoben sich immer wieder aus der Masse hervor: Er vermisst mich! Er bereut sein Verhalten, sonst hätte er mich nicht angesprochen! Sie wusste nicht, was sie tun sollte. Sie verlangsamte ihren Gang, schaute dabei jedoch auf den Boden. Sollte sie ihren Stolz über Bord werfen? Sollte sie sich anhören, was der Mann, mit dem sie noch vor ein paar Wochen das Bett geteilt hatte, zu sagen hatte?

»Ich dich auch«, sagte sie jetzt und verlangsamte ihren Schritt. Er war direkt neben ihr. Sie spürte, wie sich ihre Schultern berührten. Noch immer hatte sie ihn nicht direkt angeschaut, da sie fürchtete, weinen zu müssen, wenn sie in das nach wie vor geliebte Gesicht sah. Hans erzählte ihr, dass er gerade Mittagspause machte und sich ein wenig bei einem kleinen Spaziergang durch Brand die Beine hatte vertreten wollen. Außerdem hätte er seine bereits fertig bereiteten belegten Brote in seiner Kammer vergessen, und die wolle er nun holen. Zwischendurch wiederholte er immer wieder, dass er sich freue, ihr über den Weg gelaufen zu sein. Und dann standen sie vor dem Haus der Witwe Kamlott. Grete zögerte. Sollte sie sich jetzt einfach so verabschieden, als wären sie nur flüchtige Bekannte? Sie könnte Hans auch fragen, ob sie sich wiedersehen wollten.

Als hätte Merker ihre Gedanken gehört, sagte er bittend: »Komm mit hoch, Grete.«

Ohne großartig darüber nachzudenken, blickte sie sich um. Weit und breit war keine Menschenseele in der normalerweise belebten Straße zu sehen. Sie empfand das als Zeichen und nickte. Nur eine Minute später betrat Grete Merkers Kammer, und weitere drei Minuten später fand sie sich selig in seinem Bett wieder.

*

Der Zug ratterte stetig dahin, und die wunderschöne Landschaft ihrer Heimat zog an ihr vorüber. Hier war sie zu Hause, hier war sie mal glücklich, mal unendlich traurig, hier würde sie sterben. Die sanften, in sattes

Grün eingefärbten Hügel, die nur von dichten Wald-
streifen unterbrochen wurden, wirkten beruhigend auf
Grete. Sie hatte ein Abteil ergattern können, in dem sie
mit sich allein war. Dafür war sie dankbar – sie wäre
heute eine schlechte Konversationspartnerin gewesen.
In Kürze würde ihr Zug in Chemnitz einlaufen. Ihre
Freunde hatten sie bereits vor einer Woche ein weiteres
Mal eingeladen. Grete hatte die Einladung ausgeschla-
gen. Sie hatte nicht aus Brand weg wollen, es war einfach zu schön gewesen, sich wieder mit Hans zu treffen.
Und es war noch schöner gewesen als vor ihrem Bruch.
Sie hatten sich jeden Tag gesehen, und Hans war so aufmerksam zu ihr. Und so liebevoll. Immer wieder hatte
er betont, dass er sie, hätte er das Geld, mit Geschen-
ken überhäufen würde, doch kein einziges auf der Welt
würde so wertvoll sein können wie sie selbst. Nicht
nur deswegen hatte sie ihm Geld gegeben – sie hatte
sich sogar von Therese Kunze etwas geliehen, damit es
etwas mehr sein konnte, und zudem hatte sie der Witwe
Kamlott wieder für einige Monate im Voraus die Miete
bezahlt. Sie war so glücklich gewesen, und ihr tat das
Loch im Portemonnaie nicht weh, denn es würde von
ihrem Vater wieder aufgefüllt werden. Hans dagegen
arbeitete nach wie vor seine Schulden ab und konnte
keine großen Sprünge machen. Der Abend, an dem sie
ihm das Geld gebracht hatte, war der schönste der letzten Wochen gewesen, denn an ihm hatte Hans noch viel
mehr Liebes gesagt. Jetzt im Zug versuchte Grete, das
alles zu vergessen. Der Schmerz des Verrats saß einfach zu tief. Merker hatte sie wieder betrogen, und dieses Mal hatte Berta es ihr sofort erzählt, als es ihr durch

ihren Bruder zu Ohren gekommen war. Der wiederholte Verrat von Hans hatte ihr keine neue Wunde zuge-
fügt, sondern die noch nicht verheilte erneut aufgeris-
sen und noch mehr in Gretes Innerem kaputt gemacht.
Sie spürte das geradezu körperlich, und hätte sie nicht
einen Plan geschmiedet, so hätte sie bestimmt Fieber
bekommen und das Bett hüten müssen. Ihr Plan jedoch
hatte mit der Einladung nach Chemnitz zu tun: Sie hatte
gleich nach dem erneuten Zerwürfnis ein Telegramm
an ihre Freunde geschickt, dass sie die Einladung nun
doch gern annehmen würde. Grete wusste, dass diese
Kontakt zu Curt Preßler hatten, und es sicherlich schon
aus diesem Grund zu einer Begegnung mit ihm kommen würde. Dennoch schickte sie ihm ebenfalls eine
Nachricht, dass sie Chemnitz einen weiteren Besuch
abstatten und sich freuen würde, wenn sie sich »über
den Weg liefen«. Seit sie Merker wieder getroffen hatte,
hatte sie nicht mehr so fleißig zurückgeschrieben wie
zuvor und wollte Preßler den Eindruck vermitteln, es
ihm durch ihre Ausdrucksweise offen zu lassen, ob sie
sich in Chemnitz sehen würden. Wenn das der Fall wäre,
würde ihr Plan aufgehen, der kein anderes Ziel hatte, als
Hans wehzutun – sie würde schon dafür sorgen, dass er
es erfuhr, wenn sie sich mit Preßler amüsierte.

*

Es war der 18. März 1906. Grete war gerade aus Chemnitz zurückgekehrt, doch das war es nicht, was ihre
Mutter in helle Aufregung versetzt hatte. Vielmehr
waren es die Nachricht, die ihre Tochter aus Chemnitz

mitgebracht hatte, und der Besuch, der damit zusammenhing, die Ida Beiers gleichförmigen Alltag und den ihres Mannes aus dem Gleichgewicht gebracht hatten: Ihre Tochter hatte sich – mal wieder – verlobt, und in der nächsten Stunde würde der Schwiegersohn in spe ins Bürgermeisterhaus kommen, um offiziell um die Hand von Grete anzuhalten.

»Und du hast ihn einmal auf dem Maskenball kennengelernt und jetzt in Chemnitz wiedergesehen? Mehr nicht?«, fragte Ida Beier zum wiederholten Mal.

»Ja, Mutter, das habe ich dir doch schon gesagt. Wir haben uns zwischen diesen beiden Treffen allerdings geschrieben. Du hast mir die Briefe meist selbst überreicht. Daher weißt du ja auch, dass er Oberingenieur ist, das steht schließlich in seinem Absender«, erklärte Grete sachlich, obwohl in ihr ein Sturm der Gefühle tobte. Sie fühlte sich noch immer von Preßler überrumpelt und konnte die Verwirrung ihrer Mutter absolut nachvollziehen. Ihr war es kaum anders gegangen. Gut, sie hatte einiges dafür getan, dass Preßler sie interessant fand, aber dass dieser besonnene Mann, dem sie ein paar Briefe geschrieben und nur wenige Male ihr Ohr und ein Lächeln geschenkt hatte, sie nach so kurzer Zeit zu seiner Frau machen wollte, hätte sie nicht erwartet. Es war auch nicht aus einer Laune heraus geschehen, wie sie im ersten Moment angenommen hatte. Sie hatten in geselliger Runde in einem Restaurant zusammengesessen, und die Chemnitzer Freunde machten lustige Anspielungen über Preßlers Aufmerksamkeiten ihr gegenüber, da sie ihn so allem Anschein nach nicht kannten. Grete hatte sich gut amüsiert und es genossen, im Mittelpunkt zu stehen, konnte sie doch auf diese Weise Merkers erneuten Betrug zumindest für eine Weile verdrängen. Und es hatte zudem ihrem Ego gut getan, das durch das Verhalten des ehemaligen Geliebten ins Wanken geraten war. Als Preßler dann jedoch unter dem Tisch ihre Hand gesucht und ihr zugeraunt hatte, dass die Tischgesellschaft ja recht hätte, hatte einer der Herren der Runde dieses zum Anlass genommen, sein Glas zu erheben und zu rufen: »Hoch lebe das Brautpaar! Gratulation!« Auch alle anderen am Tisch hatten daraufhin ihre Gläser erhoben bis auf Grete. Selbst Preßler hatte sein Glas hochgehalten und sie angestrahlt. Grete war – was höchst selten vorkam – verlegen geworden, als sie begriffen hatte, dass aus dem Scherzen Ernst geworden war.

»Aber … aber, das stimmt ja nicht, das ist … da haben Sie etwas falsch verstanden«, hatte sie zu den Leuten gesagt, die noch immer ihre Gläser in ihre Richtung gewandt hielten und ihr nachsichtig zugelächelt hatten. Irritiert hatte sie sich nun Curt Preßler direkt zugewandt: »Herr Oberingenieur, nun sagen Sie doch auch einmal, dass es nicht stimmt.«

»Nein, wieso denn? Freilich kann es so sein. Mir gefällt der Gedanke, und wenn unsere lieben Freunde es so sehen, dann will ich es auch tun und betrachte uns als verlobt. Was meinen Sie? Und sollten wir uns dann ab jetzt nicht duzen, mein liebes Gretel? Sage doch ab jetzt Curt zu mir«, hatte Preßler ihr geantwortet und ein überaus glückliches Gesicht gemacht. Grete war zu verdutzt gewesen, um sofort zu antworten, was ihr die Tischgesellschaft als Zustimmung ausgelegt und deshalb mit einem einstimmigen »Prost« endlich angestoßen und getrunken hatte. Auch Grete hatte hilflos ihr Glas zum Mund geführt, jedoch an dem Wein, der ihr zuvor hervorragend geschmeckt hatte, nur genippt. Sie hatte nicht recht glauben können, was da eben gerade passierte und, wie sie fand, über sie hinweg entschieden worden war. Was ist nur mit mir, hatte sie gedacht, ich bin doch sonst nicht auf den Mund gefallen. Wahrscheinlich liegt es daran, dass wir alle etwas zu viel des guten Weins getrunken haben – morgen wird sich herausstellen, dass alles ein Scherz ist, hatte sie sich beruhigt, doch insgeheim gewusst, dass das nicht so war, wie sich am nächsten Tag bestätigen sollte. Preßler hatte sie bei ihren Gastgebern aufgesucht, seinen Willen, sie zur Frau zu nehmen, noch einmal bekräftigt und ihr gesagt, dass er natürlich auch noch bei ihren Eltern um ihre Hand anhalten wolle. Sie hatte zu alledem nur genickt, denn nachdem sie eine Nacht über die Sache geschlafen hatte, war sie ihr gar nicht mehr so abwegig vorgekommen. Sie würde sowieso nie wieder jemanden dermaßen lieben können wie Johannes Merker. Warum dann nicht einen Mann nehmen, der sie zwar nicht anzog, dafür aber jetzt bereits über ein recht großes Vermögen verfügte, wie ihr ihre Chemnitzer Freunde erzählt hatten. Und als Beamter würde er sich auch in Zukunft keine finanziellen Sorgen machen müssen und sein Geld zudem noch vermehren. Außerdem würde sie von zu Hause wegkommen, von ihrer Mutter, die sie nach wie vor wie ein Kind behandelte und dauernd versuchte, sie zu bevormunden. Sie würde einen eigenen Hausstand gründen und Haushalt führen. Sie würde endlich selbstständig sein.

»Ich habe mich über diesen Herrn Oberingenieur erkundigt und ein wenig telefoniert«, betrat Gretes Vater jetzt den Salon, in dem Mutter und Tochter saßen und ihm nun ihre volle Aufmerksamkeit schenkten.

»Und?«, fragte Ida Beier begierig.

»Er scheint ein ordentlicher und zuverlässiger Mensch zu sein. Und tüchtig. Er hat studiert und einen guten Posten. Als Beamter wird er unsere Grete gut versorgen können. Und dass er um einiges älter ist als das Gretelein, ist meines Erachtens nur von Vorteil. Er wird dich mehr wertschätzen als irgend so ein Jungspund«, gab Theodor Beier sein Urteil ab. In diesem Moment kam das Dienstmädchen Marie, um Oberingenieur Curt Preßler aus Chemnitz zu melden.

*

Mit jeder Minute wurde Grete jämmerlicher zumute. Wo hatte sie sich da nur hineinmanövriert? Sie würde sich jetzt aber trotzdem nicht beirren lassen und den einmal eingeschlagenen Weg zu Ende gehen. Ganz gleich, wohin er führte. Schon allein, um es ihrer Mutter zu zeigen, die sie eben unter dem Vorwand, Gretes Hilfe zu benötigen, hinaus in die Küche gebeten hatte, um sie dort grob zu fragen, ob Grete sich »diese Verlobung« auch gut überlegt hätte. Noch könnten sie und auch ihre Eltern Nein sagen, denn bisher hatte Curt Preßler die Bürgermeisterleute nicht um die Hand ihrer Tochter gebeten.

»Erst dieser fragwürdige Merker und jetzt dieser für dich viel zu alte Mann. Das kann dein Vater schönreden, wie er will. Dein Herr Oberingenieur sieht schon ziemlich abgelebt aus. Mein Kind, du scheinst zu Extremen zu neigen. Was findest du an diesem Preßler?«, war Ida Beier fortgefahren, während sie die Kuchen auf die Meißner-Servierplatten verteilte, die nur zu besonderen Anlässen auf den Tisch kamen.

»Das fragst du mich im Ernst, Mutter?«, hatte Grete aggressiv zurückgegeben. Ihre Laune war auf dem Tiefpunkt, und jetzt stellte ihre Mutter auch noch ihre Entscheidung infrage, dabei war doch ein Mann wie Preßler ganz nach dem Geschmack der Mutter – er war der vermögende Schwiegersohn.

»Ja, das frage ich dich. Du scheinst mir nicht glücklich, sondern heute alles grau in grau zu sehen, dabei sollte gerade heute einer der schönsten Tage deines Lebens sein. Eine glückliche Braut sieht aber meiner Meinung nach anders aus. Und dabei hast du dem Herrn Oberingenieur bereits dein Jawort gegeben. So muss dir also etwas an ihm liegen«, hatte Ida Beier den harschen Ton ihrer Tochter übergangen.

»Du bist es doch stets, die mir predigt, dass man bei einer Heirat nicht so sehr auf die Liebe achten sollte, sondern nur auf das materielle Wohl. Und genau das habe ich getan. Kann ich es dir denn niemals recht machen?«, war es daraufhin aus Grete herausgebrochen.

»Es wäre das erste Mal, das du etwas machst, was ich dir sage«, hatte die Mutter zynisch geantwortet, ihrer Tochter die Kuchenplatte mit dem Kalten Hund gericht und selbst die Eierschecke aufgenommen. Dann hatte sie die Küche verlassen, und Grete folgte ihr jetzt verdrossen zurück in den Salon, wo Theodor Beier und

Oberingenieur Curt Preßler bereits am Kaffeetisch saßen. Ida Beier und Grete setzten sich dazu, und dann begann die Bürgermeisterfrau, allen Kaffee einzuschenken und den Kuchen zu verteilen. Grete stocherte in ihrem Stück Kalten Hund herum. Sie war enttäuscht. Sie hatte so sehr darauf gehofft, ihre Mutter mit ihrer Wahl zufriedenzustellen. Kinder sind eben dazu verdammt, dachte Grete in sich gekehrt, sich nach der Liebe oder zumindest Zuwendung ihrer Eltern zu sehnen. Der meines Vaters bin ich jederzeit sicher, genauso wie ich die meiner Mutter niemals bekommen werde. Und ich will sie auch gar nicht mehr. Ich muss mich davon frei machen und …

»Grete, hörst du uns überhaupt zu?«, drang die Stimme ihres Vaters an Gretes Ohr.

»Ja, ähm, ja, Vater, entschuldige«, sagte Grete, die nicht bemerkt hatte, wie sehr sie sich in ihren Gedanken verstrickt hatte.

»Und, was sagst du?«, fragte der Bürgermeister seine Tochter fröhlich.

»Wozu?«, fragte Grete zurück, die nichts von der Unterhaltung um sich herum mitbekommen hatte.

»Oberingenieur Preßler …«, setzte ihr Vater an, verstummte jedoch sofort wieder, da im selben Augenblick Preßler selbst das Wort an die junge Frau richtete und gleichzeitig ihre Hand ergriffen hatte: »Grete, ich habe bei deinen Eltern eben gerade um deine Hand angehalten. Dein Vater stimmt dem zu, doch nur, wenn du es auch tust. Grete, willst du meine Frau werden?«

Grete Beier schluckte, blickte erst zu ihrem Vater, dann zu ihrer Mutter und schließlich zu Preßler, der am entspanntesten in dieser Runde zu sein schien. Ihr Mund war wie ausgetrocknet. Kurz dachte sie an Hans, und sie entzog aus einer Regung heraus Preßler ihre Hand. »Aber das habe ich doch schon gesagt. Ja«, stieß sie trotzig hervor, wandte den Blick ab, konzentrierte ihn auf die Kaffeetasse vor ihr, nahm diese hoch und trank.

»*Immer seltsamer hat sich der Kontrast zwischen dem so ungeheuerlich talentierten Mädchen und der Umgebung vertieft. Alltäglich, grau in grau wie die Welt der Madame Bovary, das Milieu. Die sächsische Stadt, in der Fräulein Grete Beier aus den Konfirmandinnenstunden in die Tanzstunden, vom Maskenball des Kaufmännischen Vereins zu ehrbarem Gottesdienst gegangen ist. [...] Und nun das furchtbare, klug vorbereitete Delikt.*«

(Berliner Tageblatt vom 01. Juli 1908
über Grete Beier)

6. DIE MASKE FÄLLT
APRIL 1906 BIS JUNI 1906

Obwohl oder vielleicht auch gerade weil es keine Gefühlsentscheidung gewesen war, gewöhnte Grete sich schnell an die Tatsache, dass sie mit Preßler inzwischen öffentlich verlobt war – er würde ihr ein angenehmes Leben in Chemnitz bieten, und sie würde sich durch die Heirat von ihrer Mutter befreien. Über mehr dachte Grete nicht nach, wenn sie sich ihre zukünftige Ehe mit dem Oberingenieur vor Augen führte. Außer, dass sie Johannes Merker so hoffentlich eher vergaß. Noch immer saß die Liebe zu dem ehemaligen Geliebten wie ein bereits vereiterter Stachel in ihrem Herzen fest. Mal bereitete er ihr mehr, mal weniger Schmerzen, spüren konnte sie ihn jedoch immer, zumal die Enttäuschung über Merkers Untreue langsam versickerte und der Erinnerung an die schönen gemeinsamen Momente Platz machte und Grete ausfüllte. Vor allem vermisste sie die Leidenschaft, die sie und Merker verbunden hatte und von der sie meinte, sie bei keinem anderen Mann jemals mehr zu finden. Schon gar nicht bei Curt Preßler, der sie körperlich nach wie vor nicht reizte. Die Bürgermeistertochter war froh, dass sie und der ältere Mann bisher keine körperlichen Intimitäten miteinander ausgetauscht hatten, und so behielt sie ihre Rolle der züchtigen jungen Frau gern bei. Ihr Bräutigam akzeptierte das und bedrängte sie nicht, was Grete sehr an ihm zu schätzen wusste. Ohne dass er es auch nur ahnte, war sie ihm dankbar für sein Verhalten und verbot sich schon aus diesem Grunde jegliche Überlegung, Merker wenigstens einmal wieder aufzusuchen. Auf diese Weise wurde Curt Preßler in den nächsten Wochen ein häufiger Besucher im Hause Beier, der ihr aufmerksam und liebeswürdig entgegentrat und ihr die Zeit vertrieb. Nicht mehr und nicht weniger.

Plötzlich aber änderte sich Preßlers Wesen. Es war um die Osterzeit, nur knapp vier Wochen nach der offiziellen Verlobung. Für Grete gab es keinen ersichtlichen Grund für Preßlers gewandeltes Verhalten. Sie hatte nichts anders gemacht als sonst. Hatte etwa auch Preßler nur eine Rolle gespielt so wie sie selbst, und zeigte nun sein wahres Gesicht? Hatte er sie durchschaut und wollte sich nur nicht mehr auf der Nase herumtanzen lassen? Lag es daran, dass ihr langsam die Gesprächsthemen ausgingen? Oder hatte ihm vielleicht jemand von ihrer Beziehung zu Merker erzählt? Auf jeden Fall hatte etwas Herrisches seine Liebenswürdigkeit ihr gegenüber abgelöst. Er schickte sie in ihrem Elternhaus herum wie ein Dienstmädchen, machte sich über den Pastor lustig – einen gern gesehenen Gast im Bürgermeisterhaus – und vernachlässigte Grete in Gesellschaft in der Form, dass er sie bei Gesprächen nicht wie sonst mit einbezog, sondern sie im Gegenteil auch einfach stehen ließ oder auch anderen nachschenken ließ, ihr aber nicht. Fast hätte man meinen können, dass er sie nicht mehr zur Frau wollte, doch das Gegenteil war der Fall. Während des gemeinsamen Osterfrühstücks im Bürgermeis-

terhaus kam Preßler auf den Hochzeitstermin zu sprechen, der bisher noch nicht festgelegt war. Ohne zuvor
mit seiner Braut darüber geredet zu haben, wandte er
sich an Theodor Beier: »Es geht um die Hochzeit. Grete
und ich wollen nicht mehr lange warten und schon bald
in den Stand der Ehe treten. Der Oktober ist dafür eine
gute Zeit. Lasst uns ein Datum festsetzen.«

»Schon im Oktober?«, fragte Theodor Beier erstaunt
zurück. Für den Vater bedeutete eine baldige Hochzeit der Verlust der Tochter im Haus, da diese dann mit
ihrem Ehemann nach Chemnitz ziehen würde. »Wir
haben bis Oktober noch ein halbes Jahr, das sollte für
die Vorbereitungen reichen«, entgegnete der Oberingenieur trocken, und Ida Beier lachte verkniffen auf:
»Aber ihr müsst doch wohl nicht …«

»Nein, Frau Ida«, gab Preßler zurück. »Macht euch
darüber keine Gedanken, eure Tochter ist sittsam wie
ein Gänseblümchen.« Dann lachte auch er und setzte
hinzu: »Ich denke nur einfach, es ist an der Zeit, nicht
wahr, Grete?«

Grete war weiß wie eine gekalkte Wand geworden
und brachte keinen Ton heraus. Natürlich war ihr klar,
dass eine Verlobung ein Eheversprechen war und dass sie
dies Preßler gegeben hatte, doch als es jetzt so konkret
zur Sprache gebracht wurde, wurde ihr angst und bange.

»Gretel, was ist mit dir? Hat es dir die Sprache ver-
schlagen? Du solltest dich freuen«, lachte Preßler und
tätschelte ihre Hand.

»Ja«, brachte sie heraus und lächelte tapfer zu dieser
Botschaft – schließlich hatte sie es nicht anders gewollt,
»das sollte ich wohl.«

Als sie später gemeinsam mit ihren Eltern den Oster-spaziergang unternahmen, verlangsamte Preßler mit einem Mal seine Schritte und ließ sich mit Grete, die, wie es sich für Verlobte gehörte, bei ihm untergehakt war, zurückfallen. Der jungen Frau wurde beklommen zumute. Was hatte das zu bedeuten? Auch ihr Vater blickte beirrt zurück, lächelte ihr dann jedoch aufmunternd zu und rief über seine Schulter hinweg: »Na, jetzt hat das Brautpaar wohl einiges zu planen, lasst euch von uns nicht stören.«

»Wie recht dein Vater doch hat«, sagte Curt Preß-ler zu Grete, und sie empfand seine Worte sogleich als Bedrohung, womit sie von der Wahrheit nicht weit entfernt lag, wie sie gleich zu hören bekommen sollte: Preßler forderte sie in seinem nächsten Satz auf, sich darum zu kümmern, dass ihre Mitgift höher ausfallen sollte als bisher von ihren Eltern zugebilligt.

»Aber warum?«, brachte Grete betroffen hervor, »uns wird es doch so, wie es jetzt ist, an nichts mangeln.«

»Mangeln vielleicht nicht, aber wenn du weiterhin standesgemäß leben möchtest, solltest du dich schon in deinem Interesse darum kümmern. Das Geld fällt nicht von den Bäumen, und ich bin nicht gewillt, auf gutes Essen und eine akzeptable Wohnung zu verzichten, um in herzeigbares Porzellan, Wäsche oder Sonstiges zu investieren, was zu einem guten Haushalt dazugehört. Sieh' zu, dass diese Gaben großzügig ausfallen, und lass dir auch ein ordentliches Nadelgeld von deinem Vater mitgeben, damit du weiterhin deine schönen Kleider tragen und deinen Amüsements nachgehen kannst. Dann lernst du erst einmal damit haushalten, bevor du an mein Geld gelangst«, erklärte Preßler und beschleunigte seinen Schritt, um wieder auf Höhe des Bürgermeisterehepaars zu gelangen. Grete war zu verletzt, als dass sie ihm einfach folgen wollte. Darum entzog sie Preßler ihren Arm und tat so, als müsste sie niesen und danach in Ruhe schnäuzen. Was bildete dieser Mensch sich ein? Und in was für einem Ton redetet er mit ihr? Ihr schoss ein Gedanke durch den Kopf: War es überhaupt nicht so, dass es ihm um Grete ging? Um ihre Person? Hatte ihn die Mitgift angetrieben bei dem Entschluss, sie zu heiraten? Aber bis eben hatte Grete noch kein einziges Mal den Eindruck gehabt, dass es Curt um Geld ging. Ja, er war sogar stets recht großzügig ihr gegenüber gewesen. Natürlich wusste Grete schon allein durch ihre Eltern und ihr Umfeld, dass von nichts nichts kommt und derjenige, der Geld hat, stets eher danach trachtet, es zu vermehren, als es auszugeben. Denn das fand sie nachvollziehbar. Bei Curt kam es ihr so vor, als wäre bei ihm plötzlich eine Maske gefallen. Die Wut kroch in Grete hoch, und sie hatte Mühe, sich zusammenzureißen und nicht zu Preßler zu laufen, um ihn anzuschreien. Aber sie war auch wütend auf sich selbst. Bisher hatte sie gedacht, die Fäden in diesem ernst gewordenen Spiel in der Hand zu halten. Scheinbar hatte sie sich getäuscht. Auch Preßler zog hinter den Kulissen an den Schnüren. Wenn sie recht überlegte, war das schon bei dieser unsäglichen Verlobung der Fall gewesen. Hatte sie bislang angenommen, der Oberingenieur sei damals einer spontanen Regung gefolgt, so ging sie jetzt davon aus, dass seine Überrumpelungstaktik eine abgekartete Sache gewesen war, um sicherzugehen, dass sie in Gesellschaft der Verlobung zustimmte. Plötzlich sah sie in Preßler einen Widersacher und keinen Freund mehr, wenn er denn überhaupt jemals einer gewesen war. Der Zorn auf ihn, sich selbst, ihre Eltern, ihre Freunde und Bekannten, die gesellschaftlichen Zwänge und auch auf Merker, aufgrund dessen Verhalten sie sich überhaupt erst näher mit Preßler eingelassen hatte, wurde mit jedem Atemzug in Grete größer. Sie schaute sich um. Ihre Eltern und Curt waren bereits um die nächste Wegbiegung außer Sichtweite, und auch sonst war niemand auszumachen. Langsam beugte sie sich hinab und hob einen dicken Ast auf, wog ihn in der Hand und schlug damit auf den vor ihr stehenden Busch ein. Mit jedem Schlag fühlte sie sich wieder etwas entspannter. Was auch immer der Grund war, sie wollte sich nicht so von oben herab behandeln lassen. Preßler konnte froh sein, dass sie sich jemals auch nur ein bisschen mit ihm abgegeben hatte!

*

Gretes Abneigung gegen ihren Bräutigam wuchs in der folgenden Zeit mit jedem Tag an. Sie war verletzt und platzte bald vor Enttäuschung. Sie sagte ihm rundheraus, was sie von seiner herrischen Art hielt, und wenn sie etwas anderes wollte als er, vertrat sie auch hier ihre Meinung. Warum auch nicht, schließlich hatte sie nichts zu verlieren. Sie liebte Preßler nicht, und die Entscheidung, ihn zu heiraten, fußte lediglich auf wackeligen Vernunftgründen, allen voran stand hier sein Vermögen. Doch auch das reizte Grete nicht so sehr, um sich

Preßler schönzureden oder gar gute Miene zum bösen Spiel zu machen. Sie kam selber aus einer Familie, die alles andere als mittellos war. Auch ihre Mutter war ein Grund gewesen, dem Oberingenieur ihr Eheversprechen zu geben. Jetzt befürchtete Grete jedoch, durch eine Heirat mit Preßler vom Regen in die Traufe zu kommen. Sie machte schwere Seelenkämpfe mit sich durch und wurde immer stiller. Auch ihr sonst gesunder Appetit schwand von Mahlzeit zu Mahlzeit mehr, da ihre Angst vor der bevorstehenden Ehe stetig anwuchs und ihr auf den Magen schlug. Ein wenig fühlte sie sich als Opfer der gesellschaftlichen Umstände – und gefiel sich in dieser weiteren neuen Rolle.

Grete wurde krank. Eines Morgens wachte sie mit Fieber auf und konnte das Bett nicht mehr verlassen. Ihre Mutter machte ihr Wadenwickel und brachte ihr Hühnersuppe ans Bett. Als Gretes Zustand sich auch nach drei Tagen nicht besserte, machten sich die Bürgermeisterleute ernsthaft Sorgen um ihre Tochter und riefen nach dem Doktor. Während sie auf ihn warteten, stattete Berta ihrer kranken Freundin einen Besuch ab. Die junge Frau hatte auf dem Markt von der Hebamme Kunze erfahren, dass die Bürgermeistertochter das Bett hüten musste. Jetzt saß sie am Rand von Gretes Bett, hielt deren Hand und hörte sich den Kummer der Freundin über die für den Oktober angesetzte Hochzeit an.

»Er ist genauso lieblos und herrisch wie meine Mutter«, spuckte Grete die Worte nahezu heraus, »fast schon diktatorisch. Manchmal kommt es mir so vor, als sei der einzige Unterschied zwischen beiden, dass er ein Mann ist.«

»Aber …«, öffnete Berta ihren Mund, schloss ihn jedoch gleich wieder, zu unvorstellbar war die Antwort auf die Frage, die sie hatte stellen wollen. Grete kannte ihre Freundin jedoch zu gut, um nicht zu wissen, was diese in jenem Moment mehr als alles andere beschäftigte: »Quatsch, Berta, wie kannst du so etwas auch nur annehmen! Ich weiß es nicht durch persönliche Begutachtung, dass Curt ein Mann ist. Glaub mir, mir graust es schon die ganze Zeit vor der Hochzeitsnacht und meiner Ehefrauenpflicht, da gebe ich mich ihm doch nicht schon vorher freiwillig hin.«

»Ja, aber das verstehe ich nicht. Ich dachte, du magst ihn. Was findest du denn dann an ihm?«, fragte Berta, die sich zwar, seit Grete ihr Preßler vorgestellt hatte, über die Wahl ihrer Freundin gewundert hatte, diese jedoch nicht hinterfragt hatte. Zum einen, weil sie seitdem keine Gelegenheit mehr gehabt hatte, unter vier Augen mit ihr zu sprechen. Zum anderen, weil Preßler ein standesgemäßer Bräutigam war und sie schnell mitbekommen hatte, dass Grete in seiner Gesellschaft ruhiger geworden war. Sie hatte gedacht, es läge an Preßlers altersbedingter honoriger Art, die diesen positiven Einfluss auf Grete ausübte, wurde jetzt aber von der Bürgermeistertochter eines Besseren belehrt.

»Ach Bertilein, ja natürlich, zu Beginn war er nett und aufmerksam und hat mir gut getan – da ging es mir ja auch wegen Hans ziemlich schlecht, aber so richtig gemocht habe ich Curt, wenn ich es mir recht überlege, nie. Ich hatte es mir eher eingeredet, dass ich ihn mag und vielleicht sogar irgendwann lieb haben könnte, aber daran glaube ich keine Sekunde mehr. So wie er sich jetzt verhält! Er ist nicht besser als meine Mutter, vor der ich ja durch die Ehe mit Curt fliehen woll…«

Grete wurde von einem Klopfen an der Tür unterbrochen. Die beiden Freundinnen schauten sich an und die Kranke wisperte: »Wenn man vom Teufel spricht … Das ist sicher meine Mutter mit Dr. Häbich«, dann sagte sie etwas lauter, aber mit einem gebrechlich klingenden Zittern in der Stimme, das zuvor noch nicht da gewesen war: »Herein.«

✣

Grete stand mit nackten Füßen und nur mit ihrem Baumwollnachthemd bekleidet an der geschlossenen Tür zum Büro ihres Vaters und lauschte. Ihr war zugleich kalt und warm, was jedoch vom Fieber kam und nicht von den vereinzelten Worten, die durch die massive Holztür drangen und auf die Grete sich nach und nach einen Reim machen konnte. Dr. Häbich versuchte anscheinend, ihre Eltern zu überzeugen, dass die Verlobung von Preßler und Grete gelöst werden sollte. Grete drückte ihr Ohr noch stärker an die Tür, und jetzt konnte sie tatsächlich deutlicher hören, was der Doktor sagte: »… Ich kenne Ihre Tochter nun schon, seit sie ein kleines Kind war. Selbst wenn sie noch so krank war, ihre Fröhlichkeit hatte sie nie verloren. Diesmal kommt die Krankheit nicht von außen. Grete hat sich nicht verkühlt oder irgendwo angesteckt. Das Fieber kommt von innen heraus. Aus Grete selbst. Wenn der Körper fiebert, kämpft er gegen etwas an. In der Regel gegen eine Krankheit. Gretes Fieber kämpft gegen sie selbst. Gegen ihr Pflichtgefühl, zu ihrem Wort zu stehen. Sie ist unglücklich und mit jedem Tag wird sie mutloser. Dagegen habe ich keine Medizin. Entbinden Sie Grete von ihrem Eheversprechen, und Ihre Tochter wird wieder gesund, wenn Sie mich fragen.«

»Wie kommen Sie bitte darauf, Dr. Häbich?«, fragte Ida Beier spitz, und Grete biss sich vor Ärger darüber auf die Unterlippe. Ihre Mutter wusste ganz genau, dass Grete die bevorstehende Heirat zusetzte. Sie hatte es ihrer Mutter in einem Versuch, Trost bei ihr zu finden, erzählt. Es war während des Wadenwickelns gewesen, und Ida Beier hatte einfach nur »Aha« dazu gesagt und dass sie erst einmal kräftig schlafen sollte, um wieder gesund zu werden, dann sähe die Welt schon wieder besser aus. Mehr nicht.

»Mag sein, dass meine Tochter plötzlich Furcht vor der Ehe hat, aber welche Braut hat das nicht? Davon wird man doch nicht krank!«, setzte die Bürgermeisterfrau hinzu und dann: »Theodor, was meinst du?«

Grete konnte nicht verstehen, welcher Meinung ihr Vater war, da seine Stimme von einem Stuhl, den jemand auf dem Parkett verrückte, übertönt wurde. Die junge Frau nahm an, dass es der Doktor gewesen war, der aufstand, um sich zu verabschieden. Sie hatte recht, denn jetzt hörte sie, wie der Arzt sagte: »Ich kann mich nur wiederholen, Ihre Tochter ist krank vor Kummer über die bevorstehende Hochzeit. Das zehrt an ihren Kräften und vergiftet sie von innen heraus. Sie ist unglücklich. Treffen Sie so schnell wie möglich eine Entscheidung im Sinne Gretes, damit sie sich nicht ganz aufgibt und es kein schlimmes Ende nimmt. Reden Sie mit ihr.«

»Das werden wir«, erwiderte die Bürgermeisterin, wobei Grete fand, dass es wie eine Drohung und nicht wie die Worte einer besorgten Mutter klang.

Grete mochte Dr. Häbich. Sie hatte Vertrauen zu ihm, und als er sie vorhin aufgesucht hatte, hatte er ihre Mutter gemeinsam mit Berta aus dem Zimmer geschickt. Dass Berta gehen würde, war normal, aber ob ihre Mutter sich so einfach hinauskomplementieren ließ, hatte Grete bezweifelt. Zunächst hatte ihre Mutter sich wie erwartet gesträubt, dann jedoch der Autorität des Mediziners gebeugt und zu Gretes Überraschung tatsächlich das Zimmer verlassen. Während Dr. Häbich daraufhin die Fiebernde untersucht hatte, hatte er ihr Fragen zu ihrem Leben und ihren Zukunftsplänen gestellt. Es hatte den Anschein gehabt, als würde der Doktor einfach nur plaudern wollen, doch Grete hatte schnell begriffen, dass er mehr über ihren Gemütszustand erfahren wollte. So hatte sie ihm frei heraus von ihren Nöten erzählt und einige ausgesprochen unschöne Anekdoten zu Preßler gezielt hervorgehoben. Jetzt hier an der Tür grinste Grete vor sich hin – ihre Rechnung war also aufgegangen: Sie hatte den Doktor von ihren seelischen Qualen überzeugt, und nun war er ihr Fürsprecher bei den Eltern. Sie fühlte in sich hinein und spürte, dass es ihr bereits ein wenig besser ging. In diesem Moment ging die Tür auf. Sie sprang einen Schritt zurück und setzte wieder eine etwas kränklichere Miene auf. Ihr Vater trat ihr entgegen, gefolgt von Dr. Häbich und Gretes Mutter.

»Grete, was machst du hier? Solltest du nicht das Bett hüten?«, fragte ihr Vater fürsorglich.

»Ja, ich ... meine Karaffe war leer, und ich habe solch einen Durst, ich ... ich wollte mir grad neues Wasser holen«, stotterte Grete sich etwas zurecht – sie hatte gewusst, dass sie als Lauscherin ertappt werden könnte, warum hatte sie sich nicht schon vorher eine bessere Ausrede für diesen Fall zurecht gelegt? Schuld war sicher das Fieber. Das hemmte ihr Denken, mit der Folge, dass sie jetzt hier herumstammelte. Ihr Vater hatte sicher nichts bemerkt, aber der Blick, den ihre Mutter ihr zuwarf, sagte alles.

»Und wo hast du die Karaffe, die du nachfüllen möchtest?«, forschte Ida Beier streng nach.

»Oh«, erwiderte Grete und sah auf ihre leeren Hände herab, »die habe ich wohl in meinem Zimmer vergessen. Ich gehe sie schnell holen. Auf Wiedersehen, Dr. Häbich.«

Langsam drehte Grete sich von der kleinen Gesellschaft weg und tappte, einen Fuß vor den anderen setzend, zu ihrem Mansardenstübchen hin. Wohl wissend, dass drei Augenpaare ihr folgten, stützte sie sich hier und da an der Wand ab. Vor allem ihre Mutter sollte sehen, wie schwach sie sich noch fühlte.

»Ich bringe dir gleich eine neue Karaffe. Lege dich in dein Bett und warte dort auf mich«, hörte sie die Stimme ihrer Mutter im Rücken, und Grete war froh, zwei Schritte weiter den Augen entkommen zu sein, denn in diesem Moment wusste sie, dass ihre Mutter sich durch nichts erweichen lassen würde. In letzter Zeit hatte diese darüber hinaus, entgegen ihrer ursprünglichen Haltung, ein eigentümlich inniges Verhältnis zu Preßler entwickelt. Man hätte schon fast meinen können, ihre Mutter und er seien einander versprochen, zumal Preßler die Gunstbezeugungen der Bürgermeisterin erwiderte. Grete wusste, warum, denn sie hatte ihn erst vor ein paar Tagen, als er sie an ihrem Krankenbett besucht hatte, darauf angesprochen. An diesem Tag war er wieder wie der alte Curt gewesen, aufmerksam und freundlich. Wahrscheinlich, weil ich grad so kraftlos wirke, dass ich mich eh nicht wehren könnte – jetzt bin ich so, wie er mich haben will, hatte Grete bei sich gedacht und ihr Groll über den Mann auf ihrer Bettkante war erneut hochgekocht. Und so hatte sie ihn streitlustig gefragt, was dieses Getue mit ihrer Mutter sollte. Der Oberingenieur hatte ihren missmutigen Ton gründlich missverstanden. Gerührt hatte er nach ihrer Hand gegriffen, sie angelächelt und gefragt: »Bist du etwa eifersüchtig? Aber Grete, das musst du nicht. Ich stelle mich nur gut mit ihr, damit deine Mitgift höher ausfällt. Nach unserer Heirat lasse ich das sein, dann gehöre ich ganz dir.«

»Ach so ist das«, hatte Grete geantwortet und sich gefragt, wie ihr Bräutigam nach der Hochzeit mit ihr umzuspringen gedachte. Noch ärger als in der letzten Zeit? Ob er da auch einen Plan hatte so wie im Verhalten ihrer Mutter gegenüber? Was ihre Mutter antrieb, wusste sie hingegen nicht. Wenn Grete, die jetzt in ihrem Zimmer angelangt war und sich dort abwartend ins Bett gelegt hatte, genauer darüber nachdachte, hatte Ida Beier sich Curt mehr und mehr zugewandt, seit Grete sich von ihm merklich distanzierte. Machte sie das, weil sie sich in Konkurrenz zu ihrer Tochter sah? Vielleicht aber auch, um den Oberingenieur bei Laune zu halten, wenn Grete es schon nicht tat, denn immerhin hatte Ida Beier sich inzwischen mit der bevorstehenden Hochzeit arrangiert. Oder legte die Bürgermeisterfrau dieses Verhalten an den Tag, um ihren Gatten zu provozieren, der schließlich mit seinen Gunstbezeugungen anderen Frauen gegenüber nicht geizte? Möglich war das, aber im Ergebnis war es der jungen Frau egal, sie verstand nur einmal mehr ihre Mutter nicht, die Curt inzwischen *Curtchen* nannte, ihn bei jeder Gelegenheit berührte und ihm zum Beispiel liebkosend über das Haar strich. Solch eine Geste war für Ida Beier absolut unüblich, und Grete konnte sich nicht daran erinnern, dass ihre Mutter jemals dermaßen zärtlich mit ihr oder auch ihrem Vater umgegangen war. Selbst in den letzten Tagen, die Grete fiebernd im Bett verbracht hatte, hatte ihre Mutter sie zwar umsorgt, doch das hatte eher einen sachlichen Eindruck gemacht – so wie Grete sich eine Krankenschwester im routinemäßigen Umgang mit ihren Patienten vorstellte. Als Grete jetzt Schritte vor der Tür hörte, stellte sie sich schlafend. Sie fühlte sich nicht kräftig genug, um sich jetzt mit ihren Eltern wegen Preßler auseinanderzusetzen. Außerdem sollten sie sehen, dass Dr. Häbich mit seiner Diagnose recht hatte und wie krank und schwach der Kummer sie machte. Die Tür ging auf, und den Schritten nach zu urteilen, trat nur eine Person ein. Sicherlich war es ihre Mutter, die jetzt etwas auf dem Nachttisch abstellte. Grete wartete mit geschlossenen Augen darauf, dass ihre Mutter das Zimmer wieder verließ, doch allem Anschein nach war sie am Bett stehen geblieben. Grete fühlte sich beobachtet, und ihre Augäpfel flackerten unter den Lidern.

Hatte ihre Mutter das bemerkt? Hatte Grete sich damit selbst verraten? Noch immer regte Ida Beier sich nicht. Grete hörte nur deren Atem, der sich mit ihren eigenen Atemgeräuschen vermischte. Sie waren nicht im Gleichtakt, was Grete in ihrer Konzentration, sich schlafend zu stellen, störte. Dann endlich bewegte Ida Beier sich, ging zurück zur Tür und öffnete diese. Fast hätte Grete in Erwartung der sich wieder schließenden Zimmertür die Augen geöffnet, doch dann drang die Stimme ihrer Mutter an ihr Ohr: »Ich weiß, dass du nicht schläfst und ich weiß auch, dass du unten vor dem Arbeitszimmer gelauscht hast. Aber bilde dir bloß nichts ein. Du hast die Verlobung gewollt und nun heiratest du Curt auch. Finde dich damit ab.«

✳

Zwei Tage, nachdem Dr. Häbich Grete untersucht hatte, sank das Fieber, und weitere zwei Tage später konnte Grete ihr Bett wieder verlassen. Ihre rasche Genesung lag nicht etwa daran, dass der Doktor sich geirrt oder die Bürgermeistertochter sich gar mit ihrem Bräutigam und der bevorstehenden Hochzeit abgefunden hatte. Vielmehr hatte Grete in ihrem Krankenbett begriffen, dass ein schlechter Gesundheitszustand sie nicht vor der Ehe mit dem Oberingenieur bewahren konnte. Sie hatte hierzu noch einmal das Gespräch mit ihren Eltern gesucht, doch die hatten sich durch nichts erweichen lassen. Sogar ihr Vater hatte kein Mitleid gezeigt und seiner Frau stumm zugestimmt, als diese ihrer Tochter zum wiederholten Male mit klaren Worten mitteilte, dass sie Preßler heiraten würde, da eine Entlobung sie in ganz Brand und darüber hinaus blamieren würde.

»Immerhin bist du die Tochter des Bürgermeisters und selbst, wenn es dich nicht stört, es soll auf keinen Fall heißen, dass die Frau Bürgermeister eine entlobte Tochter hat. Und hast du auch einmal an deinen Vater gedacht? Auch auf ihn würden die Leute mit dem Finger zeigen!«, hatte sie gesagt.

»Aber Mutter, als ihr Curt kennengelernt habt, hast du hinterher selbst gesagt, dass du ihn an meiner Stelle nicht heiraten könntest, aber ich soll es jetzt tun?«, hatte Grete erwidert.

»Mit der Zeit habe ich ihn kennengelernt. Er wird dir guttun und darüber hinaus: Warum hast du dich mit ihm verlobt, wenn du ihn jetzt nicht auch zum Mann nehmen willst?«, hatte Ida Beier ihre Tochter wie schon am Tag nach dem Besuch des Doktors gefragt. Auch dieses Mal hatte sie keine Antwort erwartet, sondern gemeinsam mit ihrem zu Boden blickenden Mann das Zimmer verlassen.

Allein gelassen hatte Grete sich in ihrem Bett aufgesetzt und beschlossen, nicht weiter passiv auf eine Lösung zu hoffen, sondern aktiv zu werden.

Das Fieber war zwar so plötzlich gegangen, wie es gekommen war, ihr gedrückter Gemütszustand änderte sich jedoch nicht von heute auf morgen, und die ihr normalerweise so eigene Unternehmungslust blieb ebenfalls aus. Berta hätte sie gern getroffen, die Freundin verbrachte allerdings gerade ein paar Monate bei einer Verwandten in Hamburg, sodass dies nicht möglich war. Da die Bettlägerigkeit ihre Spuren hinterlassen hatte, versuchte Grete, sich so viel es ging an der frischen Luft aufzuhalten, um wieder Energie zu schöpfen. Dies behielt sie auch bei, als sie wieder vollständig auf dem Damm war. Sie wusste das Spazierengehen in der Natur seit jeher sehr zu schätzen, und so nutzte sie die schönen Sonnentage, die der Juni in diesem Jahr bereithielt, aus, um mit der Hündin der Nachbarn in der Gegend herumzustreifen. Bei diesen Streifzügen entging sie nicht nur der Gegenwart ihrer Mutter, sondern konnte beim Betrachten der sich entfaltenden Natur ihre eigene Hochzeitstragödie für ein paar Stunden vergessen. Nach wie vor forschte sie in ihrem Kopf nach einer Lösung. Wenn sie selbst es schon nicht konnte, dann musste sie es irgendwie hinbekommen, dass Preßler die Verlobung löste – doch ihr fiel nicht ein, wie sie ihn dazu bringen konnte. Sie zahlte ihm zwar seine Unfreundlichkeit ihr gegenüber inzwischen mit barer Münze zurück, doch das schien ihn nur noch mehr anzustacheln, sie unbedingt heiraten zu wollen. Ständig berichtete er ihr von irgendwelchen Wohnungen, die er in Chemnitz besichtigt hatte, um in eine von ihnen mit ihr als Ehefrau einzuziehen. Für die, die in die engere Wahl kamen, vereinbarte er einen zweiten Termin, damit auch Grete sie in Augenschein nehmen konnte. Nicht nur, um auf diese Weise die Hochzeit wenigstens aufzuschieben, sondern auch, um Curt zu provozieren, hatte sie an jeder von ihm vorgeschlagenen Wohnung etwas auszusetzen. Zu Gretes Verdruss reagierte Curt Preßler einfach nur stoisch darauf und suchte weiter. Sie verstand nach wie vor nicht, warum er sie heiraten wollte. Ging es ihm tatsächlich um Liebe, wie er sagte, oder um Macht, wie Grete glaubte, da sie das Gefühl hatte, er wolle sie beherrschen. Und je mehr Paroli sie ihm bot, desto mehr stachelte sie ihn darin an. Gut, während der Zeit ihrer Krankheit war er freundlich zu ihr gewesen, doch seit sie wieder genesen und auch zu Kräften gekommen war, hatte sich das abermals geändert, und er sprach wieder im Kommandoton zu ihr. Gerade vor ein paar Tagen, zu Pfingsten, hatten sie sich deswegen lauthals gestritten, sodass Therese Kunze in der Parterrewohnung nahezu jedes Wort davon verstehen konnte, wie Grete später von der Hebamme erfuhr. In dem Streit war es zunächst um Nichtigkeiten gegangen, dann war er jedoch eskaliert, als Preßler Grete unterstellte, aus reinem Vergnügen das schlecht zu machen, was er mochte, und umgekehrt das gut zu finden, was er verabscheute. Grete hatte dem nicht widersprochen und sogar noch hinzugesetzt, dass sie ihn nicht mehr leiden konnte und er sie freigeben sollte. Ihre anwesenden Eltern, die sich zuvor nicht eingemischt hatten, hatten eingegriffen und versucht, zwischen den beiden Streithähnen zu vermitteln. Preßler hatte darüber gelacht und Gretes Ausbruch abgetan.

»Sie ist halt noch sehr jung und ungestüm. Ich weiß, dass sie es nicht so meint. Wenn wir erst verheiratet sind, werde ich ihr solch ein Getue schon austreiben«, hatte Preßler zu Gretes Eltern gesagt, als ob sie selbst nicht anwesend wäre, und dann hatte er sich direkt an den Bürgermeister gewandt: »Ich denke, sie ist einfach sehr verwöhnt, lieber Theodor.«

»Ohne Frage«, hatte der Bürgermeister daraufhin geantwortet und Grete einen liebevollen Blick zugeworfen. Das war zu viel für Grete gewesen, die sich jetzt endgültig von ihrem Vater verraten fühlte. Von ihrer Mutter wusste sie es ja bereits, aber dass der Bürgermeister Preßler nun auch noch nach dem Mund redete und auf dessen Seite war, anstatt auf der seiner Tochter, ließ Grete Rot sehen. Wutentbrannt verließ sie den Kaffeetisch, an dem der Streit ausgebrochen war, und stürmte in ihr Zimmer, wo sie die Tür kräftig ins Schloss warf. Gern hätte sie irgendetwas kaputt gemacht, doch die Dinge in ihrem Zimmer waren ihr alle lieb und teuer, und so schlug sie nur ein paar Mal auf ein Zierkissen ein, das auf dem gemachten Bett lag. Sie hatte den Bezug selbst gehäkelt, er gehörte zu ihrer Aussteuer. Als ihr das jetzt bewusst wurde, bohrte sie ihre Finger in die Maschen und zerrte an dem so mühsam angefertigten Stück, sodass ein großer Riss entstand. Selbst erstaunt über ihre Zerstörung starrte sie auf den kaputten Bezug. Im selben Moment klopfte es. Grete erhob das Kissen in ihrer Hand, zielte auf die Tür und schrie: »Lasst mich!«

Als die Zimmertür sich daraufhin einen Spaltbreit öffnete, pfefferte Grete das Kissen in die Richtung. Sie war enttäuscht, dass es nicht ihre Mutter mit ihrer Hochsteckfrisur gewesen war, die sie getroffen hatte, sondern ihr Vater, der sich jetzt bückte, das Kissen hochnahm und damit auf seine Tochter zutrat. Sein Blick hatte etwas Trauriges an sich, als er sagte: »Gretel, nun sei nicht wütend. Glaube mir, der Oberingenieur ist nicht der Schlechteste. Er wird dir immer ein gerechter Ehemann sein.«

»Aber Vater, wie kannst du so etwas sagen? Gerade du? Ich liebe ihn nicht!«, rief Grete trotzig.

»Das wirst du lernen«, sagte ihr Vater ruhig.

»So wie du und Mutter? Hast du nicht immer gesagt, dass Liebe von Anfang an wichtig ist? Ich werde Preßler nie lieben können«, hielt Grete ihm entgegen. In diesem Moment zuckte Theodor Beier kaum merklich, wobei er sich den Bauch hielt, und sein Gesicht sich vor Schmerz verzog.

»Vater, was ist mit dir?«, fragte Grete, die das schon einige Male bei ihrem Vater beobachtet hatte, jedoch noch nie so direkt damit konfrontiert worden war. »Geht es dir nicht gut?«

»Es ist nichts, Gretel«, erklärte der Bürgermeister, doch seine Miene strafte ihn Lügen. Dann fuhr er in hartem Ton fort: »Curt wird für dich sorgen. Das ist wichtiger als Liebe. Geh und söhne dich mit ihm aus. Wenn du es nicht aus Liebe zu ihm machst, dann für mich.«

So hatte der Vater bisher noch nie zu seiner Tochter gesprochen, und obwohl ihr weitere Widerworte auf der Zunge lagen, schluckte Grete sie hinunter und sagte stattdessen leise: »Ja, Vater, wenn du es wünschst.«

Ein paar Minuten, nachdem ihr Vater ihr Zimmer verlassen hatte, ging auch Grete wieder zurück an den Kaffeetisch. Sie setzte sich nicht, sondern bat Curt Preßler um einen Spaziergang. Der Oberingenieur hatte schon vor dem Streit geplant, einen bestimmten Zug zurück nach Chemnitz zu nehmen, und so schlug er vor, dass Grete ihn zum Bahnhof begleiten sollte. Grete willigte sofort ein. Wie sie es ihrem Vater zugesagt hatte, wollte sie sich bei Preßler entschuldigen. Wenn das in der Öffentlichkeit geschah, war ihr das mehr als recht, denn hier würde Preßler nicht allzu körperlich werden, falls er auf die Versöhnung eingehen sollte. Zwar war ihr Preßler nach wie vor bis auf ein paar Küsse nicht zu nahe gekommen, doch Grete traute dem Frieden nicht. So, wie ihr Bräutigam sie öfter von der Seite musterte, erahnte Grete seine Lust, vor der ihr graute. In der Öffentlichkeit würde es höchstens zu einem kleinen Versöhnungskuss kommen, und den würde sie schaffen, wenn sie sich zusammenriss.

Als Grete eine Stunde später am Bahnhof stand und dem davonfahrenden Zug mitsamt Preßler hinterherwinkte, wurde ihr mit jedem weiteren Meter, den der Zug zwischen sie und Curt Preßler legte, leichter ums Herz. Preßler hatte ihre Entschuldigung für ihr Verhalten sofort angenommen, obwohl sie insgeheim gehofft hatte, er würde es nicht tun. In dem Fall hätte sie ihren Eltern erklären können, dass ihr Wille zwar da gewesen, es jedoch zu spät gewesen war. Preßler hatte ihren Ausbruch jedoch mit einer Handbewegung abgetan und gesagt: »Ich weiß doch, dass du es nicht so gemeint hast, Grete. So eine Hochzeitsplanung ist nicht einfach, da sind schon ganz andere ausgebrochen. Ich will die Angelegenheit vergessen, aber habe dich bitte das nächste Mal besser im Griff, dass das nicht noch einmal vorkommt.«

Er hatte sie daraufhin an sich gezogen und ihr einen väterlichen Kuss auf die Stirn gegeben, wobei sein Schnurrbart sie unangenehm gekitzelt hatte. Grete verzog das Gesicht, als sie jetzt daran dachte. Und mit diesem Mann sollte sie ihr restliches Leben verbringen? Tisch und Bett teilen? Jetzt bog der Zug um die Ecke und entschwand aus Gretes Sichtfeld. In diesem Moment beschloss sie, ihr Glück nicht ihren Eltern oder

Preßler zu überlassen, sondern es endgültig selbst in die Hand zu nehmen, ganz egal, was sie ihrem Vater vorhin versprochen hatte. Sie musste einfach an ihrem schon einmal gefassten Plan festhalten und Preßler so weit bekommen, dass er sie nicht mehr heiraten wollte, selbst wenn es dafür drastischerer Maßnahmen bedurfte. Irgendwie würde sie es schon schaffen. Sie selbst betrachtete auf jeden Fall ab jetzt die Verlobung als gelöst. Fröhlich wie seit Langem nicht mehr verließ Grete das Bahnhofsgelände.

In den letzten Monaten hatte sie es bewusst vermieden, am Haus der Witwe Kamlott vorbeizugehen, und so tat sie es auch heute, obwohl es der direktere Weg nach Hause gewesen wäre. Sie wollte nicht so deutlich an Hans Merker erinnert werden und schon gar nicht an die schönen Stunden, die sie in der Kammer in der Bahnhofstraße mit ihm verbracht hatte. Ebenso dankte sie Gott, dass sie ihm seit ihrer Trennung nicht zufällig über den Weg gelaufen war. Sie wusste nicht, wie sie reagieren würde. Zwar war sie immer noch tief verletzt von seiner Untreue, andererseits dachte sie gerade in der letzten Zeit liebevoll an ihn zurück. Er war so ganz anders als Preßler. Natürlich, auch Hans war dominant, aber ihn machte das irgendwie männlich, denn er war dabei nicht so lehrerhaft und von oben herab. Vor allem aber hatte er ihr stets das Gefühl gegeben, eine begehrenswerte, schöne junge Frau zu sein. Preßler hingegen vermittelte ihr inzwischen durch jedes Wort, das er an sie richtete oder über sie äußerte, wenn sie zwar anwesend war, von ihm aber ignoriert wurde, dass sie ein junges dummes und naives Huhn war.

Aber Hans ist Vergangenheit, brachte Grete sich selbst wieder auf den Boden der Tatsachen, und hat aller Wahrscheinlichkeit nach sowieso eine neue Frau gefunden, die ihm das Leben versüßt.

Sie seufzte einmal auf, während sie die Gartenpforte zum Bürgermeisterhaus öffnete und in den Vorgarten trat. Dort wäre sie fast über Therese Kunze gestolpert. Sie konnte sich gerade noch fangen: »Therese, was hockst du denn da auf dem Weg?«

»Ich zupfe das Unkraut heraus«, antwortete die Hebamme, die sich von den Knien erhob und die erdigen Finger an der Rockschürze sauber rieb.

»Jetzt am Abend?«, wunderte sich Grete, woraufhin Therese Kunze ihre Antwort ergänzte: »Ich hatte heute eine schwere Geburt. Zwillinge. Einer davon hat es nicht geschafft. Da musste ich mich hier zu Hause etwas ablenken, und Unkraut zupfen hilft dabei. Aber wenn du magst, komm doch mit in meine Küche und trinke einen Tee mit mir – du bist mir eine weit bessere Gesellschaft als der Giersch.«

Grete nahm die Einladung gern an, konnte sie doch auf diese Weise eine Begegnung mit ihren Eltern hinausschieben.

In Thereses Küche fing Grete sogleich an, über ihre neuesten Probleme mit Preßler zu berichten. Sie vertraute der Älteren und sah sie fast als mütterliche Freundin. Therese Kunze kannte die vergangenen Geschehnisse bereits, war jetzt aber auch erstaunt, dass Preßler vor allem nach Gretes heutigem Ausbruch nicht in eine Entlobung einwilligte. Sie gestand der Tochter ihrer Vermieter, dass sie den Streit durch die Wände des Hauses mitbekommen hatte, kurz bevor sie zu der Geburt gerufen worden war, und endete mit den Worten: »… das wird noch ein schlimmes Ende nehmen.«

Grete nickte, während sie sich vom Küchentisch erhob: »Ja, das hat Dr. Häbich auch gesagt, oder sollte ich sagen: diagnostiziert?« Sie lachte über ihren eigenen Witz und stellte ihre benutzte Teetasse neben das Spülbecken. »Ich muss hoch, sonst wundern sich die Eltern noch. Danke für den Tee.«

»Gern, Gretel, und apropos Dr. Häbich: Ich wollte es dir eigentlich nicht erzählen, um dich nicht noch mehr durcheinanderzubringen, aber jetzt macht es wohl eh nichts mehr aus. Als du krank warst, ist mir Hans über den Weg gelaufen. Ehrlich gesagt glaube ich nicht, dass es ein Zufall war, obwohl er es beteuert hat. Er hatte davon gehört, dass du wegen Fieber das Bett hüten musst, und machte sich Sorgen um dich. Danach habe ich ihm jeden Tag eine Nachricht über deinen Zustand zukommen lassen. Darum hatte er gebeten. Bei allem, was passiert ist, Grete – seine Treulosigkeit und deine schnelle Verlobung mit Preßler – ich glaube, er liebt dich noch immer.«

»Sein Auftritt macht einen mehr wie unsympathischen Eindruck. Er ist der Typ eines reinen Genußmenschen mit nichtssagenden Gesichtszügen und belastet bei seiner Vernehmung fortgesetzt Grete Beier, während aus der Vernehmung der Beier es als viel wahrscheinlicher sich ergibt, daß er einen unheilvollen Einfluß auf das Mädchen ausgeübt hat.«

(Vossische Zeitung vom 5. Juni 1908
über Johannes Merker)

7. ALTE LIEBE ROSTET NICHT
JUNI BIS JULI 1906

»Ich habe mich sehr über deinen Brief gefreut«, lauschte Grete der vertrauten Stimme durch die Telefonmuschel, die sie so hart an ihr Ohr presste, dass sie davon einen Abdruck behalten sollte. Sie wollte auf keinen Fall auch nur ein Wort verpassen, was nicht leicht war, da es in der Leitung knackte und rauschte. Sie war allein zu Hause und brauchte keine Bedenken zu haben, dass ihre Eltern das Telefonat mitbekommen würden.

»Und natürlich verzeihe ich dir. Wie könnte ich nicht, du bist doch meine Herzensgretel. Lass uns einfach die Vergangenheit begraben und ruhen. So ist es besser«, fuhr Johannes Merker fort. Sie hatte ihm einen Brief geschrieben, in dem sie ihn wegen der vorschnellen Verlobung mit Curt Preßler um Verzeihung bat und auch um eine Unterredung, um ihm die Umstände, die dazu geführt hatten, zu erklären. Natürlich hatte sie ihn auch einfach nur einmal wiedersehen wollen, doch das hatte sie nicht so direkt geschrieben. Nur aufzuschreiben, dass sie ihn vermissen und sich über eine rasche Antwort freuen würde, hatte sie sich nicht verkneifen können, denn schon, während sie den Brief verfasst hatte, war ihr das Herz vor Sehnsucht übergequollen, sodass sich ein dicker Kloß in ihrem Hals gebildet hatte. Auch jetzt hatte sie wieder einen Kloß im Hals, deswegen klang ihre Stimme dumpf, als sie antwortete: »Ja, das machen wir. Ich möchte dir jedoch nur einmal das alles … also die Sache mit Preßler erklären. Aber nicht am Telefon und auch nicht in einem Brief … ich … können wir uns sehen?«

»Aber natürlich, allerdings werde ich dich kaum besuchen können. Deine Eltern wären darüber bestimmt nicht erfreut. Kommst du zu mir?«

»In die Bahnhofstraße?«, fragte Grete nach. Sie war sich nicht sicher, ob sie das wollte. Einerseits wäre es schön, mit Hans allein zu sein, andererseits würde es dann sicher nicht nur bei einer Unterhaltung bleiben.

Merker schien ihren Zwiespalt zu erahnen, denn er sagte nach einer kleinen Pause: »Du kannst auch zur Mittagszeit zur Saxonia-Hütte kommen. Wir könnten ein paar Schritte gehen, wenn du magst.«

Grete überlegte und gab zu bedenken: »Aber auch dort könnte man uns sehen, und dann gibt es nur Gerede.«

»Stimmt«, meinte Merker und verstummte.

Grete befürchtete, dass damit das Telefonat beendet sein könnte, und sagte schnell: »Dann versuche ich eben doch, alles einmal für dich in einem Brief aufzuschreiben. Aber ich möchte ihn nicht in die Post geben, damit er niemandem Falschen in die Hände gerät. Ich schicke dir nachher Marie vorbei. Ab wann bist du zu Hause?«

»Ab acht Uhr heute Abend kann sie kommen.«

»Gut«, meinte Grete, und dann verabschiedeten sie sich. Kaum hatte sie aufgelegt, stürmte die Bürgermeistertochter auch schon in ihre Stube, setzte sich an den kleinen Sekretär und begann einen Brief an Hans Merker zu schreiben, in dem sie ihm erklärte, wie es zu der Verlobung mit Curt Preßler gekommen war. Als sie geendet hatte und das beschriebene Papier in den Briefumschlag steckte, war sie mit sich zufrieden. Hans würde sicherlich ihr Tun verstehen. Warum ihr das so wichtig war, konnte sie selbst nicht so recht sagen. Seit sie jedoch von Therese gehört hatte, dass Merker noch Interesse an ihrer Person zeigte, war ihre Stimmung deutlich aufgehellt. Sie rief das Dienstmädchen zu sich, um ihr den Brief zu übergeben, damit diese ihn in der Bahnhofstraße abgab. Marie fragte nicht nach dem Wieso und Weshalb, nahm den Umschlag an sich und wollte sich schon auf den Weg machen, als Grete sich ihr anschloss: »Ich möchte sowieso noch mit Cora spazieren gehen, da kann ich dich genauso gut begleiten«, erklärte die Bürgermeistertochter dem Dienstmädchen, und Grete sah an deren Blick, dass sie sie durchschaut hatte. Sie hoffte, Merker wenigstens für einen Augenblick zu sehen – sie verzehrte sich so sehr nach ihm und glaubte, schon sein Anblick würde ihr nach so langer Zeit der Abstinenz genügen. Natürlich hätte sie auch allein zum Haus der Witwe Kamlott gehen können, um Merker den Brief auszuhändigen, doch sie wollte ihm gerade jetzt den Eindruck der Schicklichkeit vermitteln. Zwar widersprachen ihre beiden Briefe, in denen sie kein Hehl aus ihren Gefühlen zu ihm gemacht hatte diesem Ziel, doch Grete fand das nicht vergleichbar. Zumal sie ja nun auch von ihm wusste, dass er sie nicht vergessen konnte. Aber das geschriebene Wort war doch etwas anderes, als sich gegenüberzustehen. Vor allem, wenn man wie sie keine Ahnung hatte, wie der andere auf einen reagieren würde.

Grete konnte Merker da momentan nicht einschätzen. Würde er ihr als Bekannter oder platonischer Freund begegnen? Es wäre ihm nicht zu verdenken, und in einem solchen Fall war es besser, wenn Marie als ihre Begleiterin dabei wäre. So könnte sie ihr Gesicht wahren. Während des kurzen Weges in die Bahnhofstraße waren Gretes Gedanken die ganze Zeit bei ihrem ehemaligen Geliebten – bei seinem Geruch, den sie nach wie vor in der Nase hatte, seiner Stimme, die so wohltönend in ihren Ohren klang, seinen Händen, die ihren Körper liebkost hatten. Sie dachte auch immer wieder daran, wie frei und gleichzeitig geborgen sie sich stets bei ihm gefühlt hatte. Ach was soll's, beschloss sie voll Sehnsucht, als sie vom Markt in die Straße, in der das Haus der Witwe auf der rechten Seite lag, einbogen, dann verliere ich eben mein Gesicht – was hat Stolz schließlich in der Liebe zu suchen? Und auf Schicklichkeit hat Hans nie viel Wert bei mir gelegt.

»Marie, gib mir den Brief, ich werde ihn selbst bei Herrn Merker abgeben. Gehe du solange mit Cora die Straße auf und ab, es wird nicht lange dauern«, wies die Bürgermeistertochter das Dienstmädchen an, als sie vor dem Kamlott'schen Haus angekommen waren.

»Aber ...«, öffnete Marie ihren Mund, schloss ihn dann jedoch wieder und nahm verständnisvoll lächelnd die Hundeleine entgegen, um Grete im Tausch den Brief auszuhändigen.

Um es sich nicht wieder anders zu überlegen, sprang Grete die Stufen zu Merkers Kammer behände hoch, was ihr ein wenig den Atem nahm. Oder lag es an dem Gedanken, dem geliebten Mann gleich gegenüberzutreten? Oben angekommen klopfte Grete an die Zimmertür. Johannes Merker musste dahinter gewartet haben, denn er öffnete, kaum hatte Grete ihren zum Klopfen gekrümmten Zeigefinger wieder weggezogen.

»Grete, du?«, fragte Merker perplex. »Ich dachte, du schickst die Marie?«

»Ja, das habe ich auch«, brachte Grete mit belegter Stimme hervor. »Sie ist unten und passt auf Cora auf. Ich ... ich wollte dich einfach nur kurz sehen und darum habe ich den Brief ... hier.«

Grete händigte ihrem Gegenüber den Brief aus. Ihr Herz klopfte wild. Wie sehr hatte sie diesen Mann, der da vor ihr stand, vermisst, sich nach ihm verzehrt!

»Komm doch bitte kurz herein«, bat Merker, auf dessen Gesicht sich ein zufriedenes Grinsen breitgemacht hatte. Ohne eine Antwort abzuwarten, nahm er Grete am Ellenbogen, zog sie in sein Zimmer und schloss die Tür hinter ihr. Grete wurde schwindelig vor Glück, und sie befürchtete, dass ihr im nächsten Moment die Beine wegknicken würden. Merker schien diesen Anfall von Schwäche bemerkt zu haben, da er sie in seine Arme nahm, hochhob und auf die Chaiselongue legte. Während er ihre Stirn fühlte und danach die Knöpfe ihres hochgeschlossenen Kragens öffnete, sagte er: »Du bist viel zu sehr eingezwängt. Ich mache dir ein paar Knöpfe auf, sodass du wieder zu Atem kommst. Und dann erzähl mir, was du in deinem Brief an mich geschrieben hast. Jetzt, da du schon einmal hier bist.«

Grete begann zu reden. Sie erzählte ihm alles. Dabei rückte sie sich selbst in ein besseres Licht und schilderte Preßlers Verhalten ihr gegenüber gemeiner, als es tatsächlich gewesen war. Genauso wie das ihrer Mutter. Während sie ihre Geschichte vortrug, öffnete Merker nicht nur ihren Kragen, sondern ebenso die Knöpfe ihrer Bluse, wobei seine Finger immer wieder auch ihren Körper wie unabsichtlich berührten. In Grete verursachte dies jedes einzelne Mal einen kleinen Stromstoß, der scheinbar ihren Körper durchfloss, und sie konnte dann für einen Moment nur stockend weitersprechen. Irgendwann legte er den Zeige- und Mittelfinger seiner rechten Hand behutsam auf ihre Lippen, und sie hörte mitten im Satz auf zu erzählen. Stattdessen schloss sie die Augen und gab sich Merker hin.

So wie heute hatten sie sich bisher noch nie geliebt, und Grete war sich jetzt, als sie sich wieder anzog und einigermaßen zurechtmachte, nicht sicher, ob es nicht sogar schöner gewesen war als bei ihrem ersten Mal. Es war stürmisch gewesen, leidenschaftlich und hemmungslos, doch das war es nicht, was ihre Begegnung so besonders gemacht hatte. Es hatte noch etwas anderes mitgeschwungen. Nichts Körperliches, sondern vielmehr etwas, was sich in ihrer Seele abgespielt hatte. Hans und sie hatten sich eben wie zwei Ertrinkende gehalten, die in einem Augenblick von der gleichen Welle getragen werden, um in der nächsten Sekunde von ihr überspült und wirbelnd aneinandergeklammert vom Sog der Tiefe ergriffen zu werden. Es war alles sehr schnell gegangen, doch Grete kam es so vor, als wäre ihr ganzes Leben in diese Minuten verpackt worden. Während sie jetzt vor dem kleinen Rasierspiegel über dem Waschtisch gebeugt stand und sich die Haare richtete, durchzog Grete eine Ahnung von Tod, die sie schnell durch ein Kopfschütteln wieder aus ihren Gedanken vertrieb.

»Mein Engel, das war schön. Jetzt erst wird mir vollends klar, wie sehr ich dich vermisst habe«, sagte Merker. Er war hinter die junge Frau getreten und legte seine Hände nun sachte an ihre Taille. Dabei schaute er über ihre Schulter hinweg in den Spiegel, sodass ihre Blicke sich trafen.

»Ja, mir geht es genauso, Liebster«, antwortete Grete und lächelte traurig. »Kannst du mir raten, was ich tun soll? Ich weiß es einfach nicht.«

»Du meinst wegen Preßler?«, fragte Merker nach, und seine Stirn legte sich in Falten zum Zeichen seines Unmuts.

»Ja«, bestätigte Grete kurz.

»Gut, dann antworte ich dir als Freund und nicht als Mann, der dich gerade geliebt hat, obwohl es auf dasselbe hinausläuft. Entlobe dich, er tut dir nicht gut, denn sonst wärst du nicht hier, habe ich recht? Und warst du seinetwegen nicht auch krank? Die Kunze hatte so etwas angedeutet.«

»Das stimmt. Und du hast recht: Wenn ich eine glückliche Verlobte wäre, dann würde ich dich nicht treffen wollen. Aber du kannst mir glauben, ich habe ihn bereits um die Auflösung der Verlobung gebeten, und es scheint, als hätte Curt das nur noch mehr darin bestärkt, mich heiraten zu wollen. Er lässt mich einfach nicht gehen, obwohl ich nun wirklich alles andere als nett zu ihm bin. Er ist … ach Hans, du kennst diesen Menschen nicht, er ist … ich kann es kaum beschreiben, aber ich finde ihn einfach unausstehlich. Ich habe es dir ja vorhin schon erzählt … Darüber hinaus weiß ich eines – jetzt noch mehr als zuvor: Dir Hans, dir gehört mein Herz und keinem anderen.« Während Grete das sagte, beobachtete sie Merkers Miene ganz genau und freute sich, als ihr letzter Satz seine Züge merklich entspannte und ein Feuer in seinen blauen Augen entfachte. Es erinnerte sie an seinen Blick auf dem Maskenball, diesem schicksalhaften Abend, an dem sie sich kennengelernt hatten.

Noch immer hatte er die Hände um ihre Taille gelegt, und so drehte sie sich jetzt in seiner Umarmung zu ihm um. Sie legte einmal kurz den Kopf an seine Schulter, atmete seinen Geruch tief in sich ein, löste sich wieder und gab ihm einen kleinen Kuss auf den Mund. »Ich muss jetzt gehen, ich bin schon viel zu lange hier, was Marie wohl denken wird? Obwohl, um ehrlich zu sein, ist es mir gleich, was sie denkt. Sehen wir uns wieder?«

»Wenn du es möchtest, ich bin hier, du brauchst nur herzukommen. Und wegen Preßler: Treibe die Entlobung durch dein Verhalten nur weiter voran. Irgendwann wird er schon aufgeben, und du bist wieder frei«, sagte der Handlungsgehilfe und entließ die Bürgermeistertochter hinaus in den einbrechenden Abend.

*

Die Tage zogen ins Land. Obwohl Grete sich immer unfreundlicher gegenüber Curt Preßler benahm, waren sie nach wie vor verlobt. Etwa zwei Wochen nachdem Grete zum ersten Mal nach ihrer Trennung wieder bei Merker gewesen war, brüskierte sie den Oberingenieur auf einer Gesellschaft, die ihre Eltern anlässlich des Johannistages gaben, vor aller Augen. Sie verweigerte ihm einen Kuss. Sie merkte sofort, dass er nicht wie sonst stoisch über ihre Demütigung hinwegsah, sondern ernsthaft gekränkt war. Hatte sie es endlich geschafft? Würde er sie freigeben? Als bereits einen Tag später ein Brief von ihm eintraf, öffnete Grete ihn aufgeregt, wurde jedoch sofort enttäuscht. Ohne ihr Vorwürfe zu machen, schrieb er ihr, wie sehr sie ihn verletzt hatte, und dass er für eine Weile verreisen würde, um das Geschehene zu vergessen. In Gretes Brust stritten die Gefühle, war das doch endlich einmal eine emotionale Regung von Curt Preßler, die sie bisher so sehr an ihm vermisst hatte. Noch nicht einmal zu Beginn ihrer Bekanntschaft hatte er sich zu solch zärtlichen und vor allem ehrlichen Worten über seine innersten Gedanken hinreißen lassen. Hatte sie sich in ihm getäuscht? Hatte er ihr bisher einfach nur seine harte Schale gezeigt und war er versteckt im Kern der liebenswürdige, aufopferungsvolle Mann, den sie sich so sehr für ihr Leben wünschte? Vielleicht wäre es doch nicht gut, ihn zu verlieren? Zumindest ihn sich warmzuhalten, konnte nicht schaden. Spontan griff Grete zu Feder und Papier und schrieb ihrem Verlobten zurück. Sie bat ihn knapp um Verzeihung und vor allem um eine persönliche Verabschiedung vor seiner geplanten Reise oder wenigstens einen weiteren netten Brief, da man sich nicht im Streit trennen sollte. Grete erhielt keine Antwort. Zumindest keine, die sie sich gewünscht hatte. Preßler zeigte ihr in anderer Form, wie er über ihre Entschuldigung dachte. Er ignorierte sie und schrieb stattdessen Urlaubspostkarten von seiner Reise an ihren Vater. Dann traf ein

Brief von ihm ein. Wieder war er nur an ihren Vater gerichtet. Grete hatte ihn noch verschlossen auf dem Schreibtisch des Bürgermeisters liegend entdeckt. Ihr Tintenfass war leer gewesen, und sie war gerade über einem Brief an Berta gesessen, die nach wie vor in Hamburg war. Aus dem Arbeitszimmer des Vaters hatte sie nur schnell Nachschub holen wollen, als sie den Briefumschlag mit Preßlers sauberer und schnörkelloser Schrift gesehen hatte. Noch immer schaute sie gebannt darauf. Sollte sie ihn lesen? Oder sollte sie auf ihren Vater warten und ihn bitten, ihn ihr vorzulesen, so wie die Postkarten? Während offen versendete Karten in der Regel keine Geheimnisse enthielten, konnte das bei Briefen anders sein. Grete zwirbelte nervös eine ihrer Haarlocken. Sie könnte den Brief auch einfach verschwinden lassen. Sie nahm ihn hoch. Er wog schwer in ihrer Hand, dabei war es kein dicker Brief. Es waren wohl mehr ihre Gedanken über den Briefinhalt, die ihr schon bei seinem bloßen Anblick einen Klumpen in der Magengegend verursachten. Sie hoffte und bangte zugleich. Bedeutete dieser Brief jetzt die Entlobung? War er deswegen an ihren Vater gerichtet, weil er ein offizielles Schreiben war? Sollte sie den Brief einfach öffnen? Sie wollte zu gern wissen, was sein Inhalt war. Lag sie richtig mit ihrer Vermutung? Grete setzte sich auf den lederbezogenen Schreibtischstuhl und legte den Brief in ihren Schoß. Sie blickte aus dem Fenster auf die großen Tannen hinaus, die ihr Grundstück säumten, und horchte in sich hinein. Was wollte sie eigentlich? Sie wollte glücklich sein, und das war sie mit Hans, den sie seit ihrer Versöhnung wieder regelmäßig sah. Warum hatte sie dann Preßler überhaupt vor seiner Reise den Entschuldigungsbrief geschrieben? Grete kannte die Antwort, doch sie würde sie nie jemand anderem gegenüber eingestehen. Sogar sich selbst gegenüber fiel es Grete schwer, da ihre Mutter ihr genau diese Eigenart früher, als Grete noch ein Kind gewesen war, gern zum Vorwurf gemacht hatte. Schon damals hatte sie geahnt, dass ihre Mutter recht hatte, heute wusste die junge Frau es, doch sie konnte nichts gegen diesen ihr eigenen Wesenszug machen: Grete liebte es, im Mittelpunkt zu stehen. Echte Befriedigung zog sie jedoch daraus, alles und jeden zu steuern. Als Kind gelang ihr das mit einem Trotzkopf und durch Schmeicheleien. Heute ging sie subtiler vor und erreichte ihre geplanten Ziele durch Vorausschau und Manipulation. Schmeicheleien waren dabei nach wie vor ihr Mittel zum Zweck, aber durchaus auch das Verbiegen der Wahrheit und das dermaßen, dass sie selbst manches Mal nicht mehr wusste, wie es eigentlich wirklich war. Wenn Grete allerdings merkte, dass jemand anderes das Ruder übernehmen wollte, sah sie Rot. Ihre Mutter war eine solche Person, und jetzt war eine weitere in Gretes Leben dazugekommen: Oberingenieur Curt Preßler, ihr Noch-Verlobter. Warum hatte er ihrem Vater geschrieben und nicht ihr, so wie sie ihn gebeten hatte? Wollte er sie etwa mit ihren eigenen Waffen schlagen? Ihr erst Liebe zeigen durch sein Heiratsversprechen, sie dann durch seine herrische Art so weit mürbe machen, dass sie sich schon beim kleinsten netten Wort nach dem zweiten sehnte, um sie dann umso härter zurückzustoßen? Gerade in dem Moment, als Grete nach dem silbernen Brieföffner griff, betrat der Bürgermeister den Raum.

»Grete, was machst du denn hier?«, fragte er überrascht.

»Da ist ein Brief für dich angekommen, Vater«, sagte Grete und erhob sich vom Stuhl. Mit dem Brief und dem Öffner trat sie zu ihrem Vater und hielt ihm beides hin.

»Aha«, sagte Theodor Beier und nahm das Gereichte entgegen. Er las den Absender und begriff: »Du bist neugierig und fragst dich, was Curt mir schreibt. Na, dann wollen wir mal gucken.«

Der Bürgermeister setzte sich auf den Stuhl, von dem seine Tochter sich gerade erhoben hatte, und ritzte den Umschlag auf. Dann begann er laut zu lesen. Mit jedem Wort wuchs Gretes Entrüstung auf ihren Verlobten. Es stand nichts von einer Entlobung darin. Preßler verlangte von ihrem Vater, dass er seine Tochter anhielt, ihm, Preßler, einen ausführlichen Brief zu ihrem Verhalten am Johannistage zu schreiben. Grete fühlte sich durch diese Forderung gedemütigt. Reichte dem Mann nicht ihre bereits vorgebrachte Bitte um Verzeihung? Sollte sie jetzt auch noch um seine Gunst betteln, obwohl sie ihn doch gar nicht wollte?

Als ihr Vater mit dem Vorlesen geendet hatte, blickte er sie ernst an und sagte in einem Ton, der keine Widerrede zuließ: »Ich denke, du weißt, was du zu tun hast, Grete.«

Als Grete den Raum verließ, sah sie aus den Augenwinkeln, wie ihr Vater in seinem Lederstuhl zusammensackte und sich – so wie neulich in ihrem Zimmer – mit schmerzverzerrtem Gesicht den Bauch hielt.

*

Grete lauschte, wie so oft in letzter Zeit, an der Tür. Sie war eben mit Cora von einem Spaziergang zurückgekommen. In der Diele hatte sie Preßlers Gehrock hängen sehen. Die Tür des Salons war geschlossen gewesen, und sie hatte dahinter Stimmengemurmel wahrgenommen. Neugierig war sie herangetreten und hatte ihr Ohr an das Holz gedrückt.

Preßler war also zurück von seiner Reise und jetzt hier. Auf ihren Brief, den sie ihm gemäß seiner Forderung geschrieben hatte, hatte er nicht reagiert. Als Grete jetzt daran dachte, musste sie grinsen. Sie hatte nicht das geschrieben, was er und auch ihre Eltern sich gewünscht hatten. Zumindest nicht ganz. Sie hatte sich nicht für ihre Verfehlung entschuldigt, dafür hatte sie ihm aber schwarz auf weiß geschrieben, dass sie sich nicht zu ihm hingezogen fühlte, und damit ihr Verhalten erklärt. Außerdem hatte sie ihm geschrieben, dass sie seine Abwesenheit genieße und sich auf allerlei Gesellschaften mit anderen Verehrern auf das Beste amüsiere. Grete ballte ihre linke Hand zur Faust und schob dabei den Daumen unter die anderen Finger – sie drückte sich die Daumen, dass Preßler nun endlich bei ihren Eltern vorsprach, um die Verlobung zu lösen.

»Sie ist ein Wildfang, der gezähmt werden muss. Ihr habt ihr zu viele Freiheiten gelassen«, hörte Grete Preßler sagen. Dann kam die Stimme ihrer Mutter: »Ja, den Vorwurf müssen wir uns wohl gefallen lassen.«

»Oktober ist nicht mehr weit, aber bevor Grete meine Frau wird, hat sie noch einiges zu lernen. Angefangen beim Gehorsam. Als Frau Oberingenieurin kann sie nicht mehr das tun, was ihr gerade in den Sinn kommt«, ließ Preßler verlauten, und Grete zuckte von der Tür zurück. Wieso redete der Mann immer noch von einer gemeinsamen Ehe? Hatte er nicht endlich genug von ihr? Wieder legte sie ihr Ohr an die Tür.

»… gedenkst du zu tun?«, machte sie noch die letzten Worte der Frage ihres Vaters aus.

Die Frage war sicher an Preßler gerichtet, doch Ida Beier antwortete: »Ich trage mich schon länger mit dem Gedanken, sie in einer guten Mädchenanstalt unterzubringen.«

»Wie bitte?« Die Stimme ihres Vaters war laut geworden.

»Das ist keine schlechte Idee«, kam es von Preßler, der nicht auf den ungläubigen Ausbruch des Bürgermeisters einging. »In so einer Anstalt für höhere Töchter lernt sie zweifelsfrei Zucht und Ordnung. Wir sollten das im Auge behalten. Zuvor habe ich jedoch eine Bitte: Ich möchte Grete meiner Mutter vorstellen, die in Köln lebt, wie ihr wisst. Um dieses erste Treffen der beiden vorher und nachher abwechslungsreicher zu gestalten, habe ich eine kleine Rheinreise geplant, bei der auch ihr mitkommen sollt. Schließlich werden wir bald eine große Familie sein, da sollten sich doch alle kennen. Auf der Reise werden wir Gretes Benehmen beobachten und können über einen Anstaltsaufenthalt entscheiden, wenn wir ihn dann immer noch für notwendig erachten.«

Gretes Eingeweide krampften sich bei diesen Worten zusammen. Dann wurde ihre schlecht. Gekrümmt und auf leisen Sohlen lief sie zum Abort, wo sie sich übergeben musste. In den letzten Tagen war das, vor allem morgens, öfter vorgekommen. Krank war sie nicht, denn sie fühlte sich sogar wohler in ihrer Haut als sonst. Auch sah sie rosiger aus, wie ihr häufige Blicke in den Spiegel versichert hatten. War die Übelkeit vielleicht ein Vorbote oder vielmehr eine Vorahnung auf das gewesen, was sie eben gehört hatte?

»*Dass Grete Beier zur Verbrecherin geworden ist, ist allein dem ganzen Milieu, in welchem sie gelebt hat, zuzuschreiben. Ihr Vater stand offenbar moralisch nicht auf der Höhe und ihre Mutter ist als ränkesüchtige Intrigantin bekannt.*«

(Der Psychologe Dr. Nerlich
über Grete Beier, 1909)

8. HIN UND HER
AUGUST 1906

»Nur dass ihr es wisst, ich tue das allein für dich, Vater, weil du mich so sehr gebeten und mir außerdem versprochen hast, dass ihr einer Entlobung zustimmt, wenn ich Preßler nach der Reise noch immer nicht heiraten will«, sagte Grete ruhig, aber nachdrücklich zu ihren Eltern, mit denen sie gemeinsam auf dem Brandner Bahnhof auf den Zug wartete. Curt Preßler würde in Chemnitz zusteigen, und dann begann ihre gemeinsame Reise, gegen die sie sich so lange gesträubt hatte. Sie hatte sogar versucht, den Oberingenieur von seiner Idee abzubringen. Zunächst durch ein Gespräch, in dem sie ihm erklärte, dass sie den Eindruck hätte, ihrem Vater gehe es gesundheitlich nicht gut und eine solche Reise könnte zu viel für ihn sein. Preßler hatte darüber nur gelacht und gemeint: »Das kann der Herr Bürgermeister ja wohl selbst entscheiden, schließlich trifft er in seinem Amt jeden Tag wichtige Entscheidungen.«

Daraufhin hatte sie gemeinsam mit Hans, der schon aus Eifersucht ebenso gegen diese Reise war, beschlossen, Preßler einen anonymen Brief zu schicken. In diesem wurde Preßler recht blumig darüber informiert, dass die Bürgermeistertochter Grete Beier den Handlungsgehilfen Johannes Merker liebe und keinen anderen. Merker hatte den Brief aufgesetzt, und Grete hatte ihn von Therese Kunzes Enkelin Anna Richter abschreiben lassen. Therese Kunze brachte den Brief schließlich nach Freiberg und gab ihn dort in die Post, sodass er nicht in Brand abgestempelt wurde. Bereits am Tag, an dem er den Brief erhalten hatte, war Preßler nach Brand ins Bürgermeisterhaus gekommen – es war ein Sonntag. Er war bei seiner Ankunft weniger aufgebracht gewesen, als Grete erwartet, ja sogar gehofft hatte. Er begrüßte sie knapp, aber ruhig und bat dann um eine Unterredung unter sechs Augen mit Ida und Theodor Beier. Nach einer Weile war Grete hinzugerufen worden, und bereits als sie den Salon betrat, hatte sie an dem Blick ihrer Mutter erkannt, dass diese wusste, wer hinter dem Brief steckte.

»Du triffst ihn wieder, diesen Tunichtgut?«, hatte Ida Beier ihrer Tochter vorwurfsvoll und ohne weitere Erklärung entgegengeschleudert. »Er hat dein Herz vergiftet und steht deiner Zukunft im Weg. Das muss aufhören. Du darfst ihn nicht mehr treffen. Hörst du?«

Grete hatte die Lippen fest aufeinandergepresst. Was sollte sie auch dazu sagen? Stattdessen hatte ihr Vater gebeten: »Lasst uns einen Spaziergang machen, ich könnte ein wenig frische Luft gebrauchen.«

Ihr Weg hatte sie in den kleinen naheliegenden Wald geführt, der Brand an einer Seite begrenzte. Es war ein schweigender Spaziergang gewesen. Als der Pfad es nicht mehr zugelassen hatte, dass sie zu viert nebeneinander gingen, waren Grete und Preßler dem Bürgermeisterehepaar vorausgeschritten. Erst da hatte Preßler sich geräuspert und tonlos gefragt: »Liebst du ihn, diesen Handlungsgehilfen?«

Bevor sie es sich anders überlegen konnte, war Grete ein »Ja« herausgerutscht. Warum sollte sie auch lügen? Dann hätten sie den Brief gar nicht erst verfassen müssen. Außerdem hatte sie es als befriedigend empfunden, zu ihrem Geliebten zu stehen.

Preßler hatte gelassen reagiert, sie am Arm genommen und gemeint: »Du wirst über ihn hinwegkommen.« Er hatte noch hinzugesetzt: »Ihr spielt wohl den modernen Tannhäuser und die moderne Elisabeth, aber glaub mir, Schauspiel bleibt Schauspiel.« Daraufhin war Gretes Verlobter wieder in Schweigsamkeit verfallen.

Jetzt, auf dem Bahnhof, und nachdem ihre Eltern auf ihre Feststellung nicht reagiert, sondern sich von ihr abgewendet hatten, musste Grete wieder an genau diesen Ausspruch Preßlers denken. Sie kannte die Tannhäusersage in groben Zügen. So wusste sie, dass Tannhäuser für einen gesellschaftlichen Außenseiter stand, der sich hemmungslos und ausschweifend seiner Lust und Sinnlichkeit hingibt. Genau wie auch Hans es tat – zumindest in ihren Kreisen und darum ging es schließlich. Seine Untreue am Anfang des Jahres sprach da Bände und ebenfalls die vielen lustvollen Momente, die er ihr beschert hatte. Auch in anderen Lebensbereichen lebte Hans nach dem Lustprinzip. Warum sonst bat er sie ständig um Geld? So zahlte sie wie in der Vergangenheit wieder die Miete bei der Witwe Kamlott. Sie störte das nicht. Schließlich war Geld nichts im Vergleich zu ihrer beider Liebe. Wusste Preßler davon? Hatte er sie deswegen mit Elisabeth verglichen, die sich für Tannhäuser aufopfert? Der Zug lief ein, und Grete wurde in ihren Überlegungen unterbrochen, weil ihr schlecht wurde von dem Geruch, den die Bremsen hervorriefen. Fahl im Gesicht stieg sie nach ihren Eltern in den Zug ein – die Reise hatte begonnen.

*

Sie machten in den unterschiedlichsten Städten Station. Unter anderen Umständen hätte die Bürgermeistertochter die Reise sicher genossen. Sie liebte es normalerweise, Land und Leute kennenzulernen, doch die Tage, die ihr wie Wochen vorkamen, waren von einer Schwermut überschattet, die sie von sich nicht kannte. Selbst als sie gefiebert hatte, war sie nicht so niedergeschlagen gewesen. Sie hatte das Gefühl, gegen Windmühlen zu kämpfen. Mal zornentbrannt, mal sanftmütig bat sie Preßler immer wieder, sie freizugeben, doch er dachte nicht daran. Dennoch gab sie nicht auf. In Rüdesheim machte sie ihm eine große Szene, und endlich schenkte er ihr Gehör. Grete traute ihren Ohren nicht, als er plötzlich zu ihr sagte: »Gut, lösen wir unsere Verlobung, aber nur unter einer Bedingung: Du darfst den Verlobungsring dennoch nicht abnehmen. Ich möchte, dass du ihn weiterhin trägst.«

Die junge Frau fragte nicht nach dem Für und Wider, sondern willigte glücklich ein. Sie nahm an, dass er die Schmach der geplatzten Hochzeit so weit wie möglich von sich schieben wollte. Ihr war das gleich, Hauptsache, sie war nicht mehr an ihn gebunden, für sie zählte das Gesagte. Sobald sie allein war, zog sie den Verlobungsring ab. Sie musste sich von ihm befreien, wenigstens für eine Weile. In Brand konnte sie ihn dann ja wieder aufziehen, bis die Entlobung offiziell war. Sie sperrte den Ring in das Dunkle ihres Portemonnaies und fühlte sich merkwürdig erleichtert.

Schon am gleichen Abend begriff Grete, dass das letzte Wort zur Entlobung noch nicht gesprochen war. Sie hatte sich zu früh gefreut. Sie war gerade dabei, ihre Koffer zu packen, da sie unter den gegebenen Umständen die Reise in Absprache mit ihren Eltern abbrechen wollte. Preßler sollte allein weiterfahren, während die Bürgermeisterfamilie am nächsten Tag wieder nach Brand zurückkehren wollte. Jetzt war aber ihr Vater eingetreten und machte ein betretenes Gesicht: »Grete, es tut mir leid, aber Curt stimmt der Entlobung doch nicht zu und ...«

»Gesagt ist gesagt«, unterbrach Grete ihn fast schon panisch.

»Ach Grete, ich weiß auch nicht mehr, was ich dazu sagen soll und deiner Mutter geht es genau so.«

»Es bleibt bei der Entlobung«, erwiderte Grete, wandte sich von ihrem Vater ab und ihrem Koffer wieder zu. Erst als sie ihre Zimmertür zufallen hörte, ließ sie sich auf den Wäschestapel, der neben dem Koffer lag, fallen und schluchzte hemmungslos hinein. Sie meinte, sich mitten in einem Krieg zu befinden und egal, in welche Richtung sie laufen würde, wäre ihr Leben gefährdet. Zumindest ihr gutes Leben.

Am nächsten Tag ging das Drama weiter. Preßler tat so, als hätte er niemals einer Entlobung zugestimmt. Er machte sogar den Vorschlag, dass Grete allein mit ihm nach Köln zu seiner Mutter reisen sollte. Grete weigerte sich, sie wollte unbedingt nach Hause. Ihren Eltern, die ihr diesen Vorschlag überbrachten, zischte sie entgegen: »Mir wird schon bei dem Gedanken schlecht, dass ich die gleiche Luft wie er atme, versteht es doch endlich!« Tatsächlich überkam sie in diesem Augenblick wieder die inzwischen schon gewohnte Übelkeit. »Und wenn ihr mich zwingt, mit diesem Menschen nach Köln zu fahren, dann erzähl ich der guten Frau Preßler, wie ich zu Curt stehe, was er für einer ist und auch sonst noch alles. Vielleicht bringt sie ja dann ihren Sohn zur Vernunft! Oder nein, am besten, ich springe gleich in den Rhein, denn eine Tote kann ja schließlich nicht mehr geheiratet werden. Ich meine es ernst. Ich sterbe lieber, als Frau Oberingenieurin zu werden!«

Ihre Eltern schienen es ihr angesehen zu haben, dass sie es ernst meinte, und drangen nicht weiter in sie. Allerdings wollten sie die Rückreise erst antreten, wenn diese »Verlobungsangelegenheit«, wie ihr Vater es inzwischen nannte, geklärt war. Preßler nutzte dies, um Grete am Abend in ihrem Zimmer aufzusuchen. Ihr gepackter Koffer stand im Raum, und mit einem Blick darauf sagte er: »Wie gut, du hast schon gepackt. Wann wollen wir denn morgen aufbrechen?«

»*Wir* wollen gar nicht aufbrechen. Morgen trennen sich unsere Wege«, gab die junge Frau spitz zurück. »Falls du dich erinnerst, haben wir unsere Verlobung aufgehoben.«

»Ach, das ist mir neu«, erwiderte der ältere Mann unschuldig, fuhr dann jedoch hämisch fort: »Wenn dem so wäre, hättest du mir schließlich meinen Ring zurückgegeben. Das zeigt mir, dass du es gar nicht willst. So wenig wie ich.«

Grete schluckte und brachte keinen Ton heraus. Was bildete dieser Mann sich ein? Meinte er wirklich, er könnte sie auf diese Weise hereinlegen? Vor Wut zitternd ging sie zu ihrer Handtasche und zog ihr Portemonnaie heraus. Sie ließ es aufschnappen, holte den Ring hervor und schmiss ihn Preßler voller Verachtung vor die Füße.

»*Der Fall ist seltsam, er ist abnorm, und da er so viel Problematisch-Abstoßendes enthält, wird er nicht leicht dem Gedächtnis entschwinden.*«

(Berliner Tageblatt vom 01. Juli 1908 über den Fall Grete Beier)

9. GUTER HOFFNUNG
SEPTEMBER 1906

Nach einem kurzen Umweg über Eisenach, wo Grete Bekannte hatte, kam die Bürgermeisterfamilie zurück nach Brand. Die Stimmung zwischen den Eltern und ihrer Tochter war eisig, sodass Grete ihre gefühlte Freiheit nicht recht genießen konnte. Vor allem Ida Beier hielt ihrer Tochter immer wieder vor, was für eine Schmach die Entlobung von so einem feinen Herrn wie Curt Preßler gerade für den Bürgermeister einer kleinen Stadt und damit auch für sie als die Bürgermeisterfrau bedeutete. Die Luft im Bürgermeisterhaus wurde noch dicker, als ein eingeschriebener Brief von Preßlers Mutter aus Köln eintraf. Adressiert war der Brief an Gretes Eltern, die ihre Tochter zu sich riefen, nachdem sie ihn gelesen hatten. In knappen Worten schilderte der Vater Grete den Inhalt, während die Mutter unablässig vor sich hin murmelte: »Was für eine Blamage, was für eine Blamage.« Liebend gern hätte Grete ihrer Mutter gesagt, sie wisse es ja nun, biss sich jedoch auf die Zunge. In ihrem Schreiben bat Preßlers Mutter Theodor und Ida Beier inständig, auf Grete einzuwirken, damit diese ihren Curt doch heirate. Sie hätte ihren Sohn noch nie so aufgebracht und gleichzeitig tief betrübt gesehen. Er würde Grete aufrichtig lieben und wäre mit Sicherheit der vollkommene Gatte für die Bürgermeistertochter. Um ihre Bitte zu bekräftigen, hatte Frau Preßler den Verlobungsring mitgeschickt, den ihr Sohn ihr gegeben hatte. Als Gretes Vater ihn ihr schweigend hinhielt, war sie entsetzt: »Aber ich dachte, ihr seid einverstanden, dass ich Curt nicht heirate!« Da keine Antwort kam, sondern sie nur ein starrer Blick ihres Vaters traf, fuhr sie schneidend fort: »Wollt ihr wirklich, dass ich den Rest meines Lebens mit einem Mann verbringe, der sich hinter dem Rockzipfel seiner Mutter versteckt und sie vorschickt? Das ist doch kein Mann, das ist ein Männchen!«

»Aber eines, was dich scheinbar wirklich möchte – verstehe das wer will – und das dir zudem ein gutes Leben ermöglichen wird. Und uns die Schande einer missratenen Tochter erspart. Nimm den Ring, steck ihn dir wieder an, und gut ist. Irgendwann wirst du uns dankbar sein, dass wir das von dir gefordert haben. Außerdem kannst du froh sein, dass Curt dich überhaupt noch will nach deinen ganzen Auftritten«, herrschte ihre Mutter sie an.

Der Ring wog schwer in Gretes Hand. Sie hatte ihn mit ihrer Faust fest umschlossen und nagte vor Verzweiflung an ihrer Unterlippe. Das konnte doch nicht der Ernst der Eltern sein? Sie konnten doch nicht ihr Wort zurücknehmen! Nicht gegen ihre eigene Tochter. Grete unterdrückte die aufstrebenden Tränen. Sie wollte sich nicht die Blöße geben, hier zu weinen. Sie fühlte sich von ihren Eltern verraten, aber sie würde sich wehren. Und den Ring würde sie nicht anstecken. Niemals mehr!

»Du wirst einen Brief an Frau Preßler schreiben«,

sagte die Bürgermeisterin jetzt und beobachtete ihre Tochter dabei genau.

»Ja, Mutter«, sagte Grete, die froh war, ihren Eltern auf diese Weise zu entkommen und in ihrem Zimmer gleich allein mit sich zu sein. Sie würde wirklich einen Brief an Curts Mutter schreiben. Sie würde ihr höflich, aber ehrlich mitteilen, wieso und weshalb sie Curt nicht heiraten konnte. Grete drehte sich zur Tür herum, um in ihr Mansardenzimmer zu gehen, als ihre Mutter sie aufhielt: »Bleib! Setz dich an den Schreibtisch deines Vaters. Briefpapier liegt schon bereit. Du wirst den Brief hier schreiben.«

»Ich brauche meine Ruhe beim Schreiben, und die habe ich hier nicht, hier kann ich mich nicht konzentrieren«, bäumte Grete sich gegen den Befehl ihrer Mutter auf.

»Du brauchst keine Konzentration. Auf dem Schreibtisch liegt der Brief an Frau Preßler fertig formuliert. Das habe ich bereits gemacht. Du musst ihn nur noch abschreiben«, erklärte Ida Beier in aller Seelenruhe. Grete konnte sich denken, was da drin stand.

»Aber …«, setzte sie zum Widerspruch an, verstummte jedoch, als sie jetzt in das fahle Gesicht ihres Vaters blickte, der sie traurig ansah. Langsam ging sie um seinen Schreibtisch herum, wo er sich von seinem Stuhl mühsam erhob, um ihr Platz zu machen. Er steuerte zur Tür. Bevor er sie öffnete und hinaustrat, sagte er: »Ich denke, es ist alles deutlich gesagt, Grete. Ihr braucht mich ja dann nicht mehr und werdet den Rest ohne mich erledigen können. Und steck den Ring an, Grete.« Es würde nichts bringen, sich noch weiter zu wehren. Sie hatte den Kampf verloren.

Wie in Trance öffnete Grete ihre Faust, nahm den Ring mit spitzen Fingern auf und steckte ihn sich wieder an. Plötzlich machte sich in ihr eine große Gleichgültigkeit breit. Hatte sie sich eben noch wehren wollen, so war sie es jetzt nur mehr müde. Sollte Preßler doch sehen, was er davon hatte.

Als Grete den von ihrer Mutter verfassten Text durchlas, erlebte sie eine Überraschung. Sollten ihre Eltern doch ein Einsehen mit ihr haben? Wenigstens gab ihr der Satz, den sie gerade gelesen hatte, wieder ein klitzekleines bisschen Hoffnung. Ida Beier hatte geschrieben, dass zwar vorläufig die Verlobung zwischen Grete und Frau Preßlers Sohn als aufgehoben gelte, sie das aber nicht bekannt geben wollten und Curt Preßler gern als Freund in das Bürgermeisterhaus kommen könne, damit sich die beiden jungen Menschen wieder näherkämen. Das schrieb Grete gern ab, denn damit würde sie besser leben können, als gedacht. Vor allem schwebte nun nicht mehr das Damoklesschwert der ursprünglich geplanten Hochzeit im Oktober über ihr.

Preßler nutzte die Einladung schon wenige Tage später. Es war ein Abend unter der Woche. Grete ging davon aus, dass Frau Preßler ihren Brief erhalten, Curt umgehend davon in Kenntnis gesetzt, und er sich dann direkt nach der Arbeit auf den Weg nach Brand gemacht hatte. Als der Oberingenieur sie jetzt begrüßte, zog er sie besitzergreifend an sich, verlangte jedoch keinen Kuss, was Grete als kleinen Sieg betrachtete.

»Schön, dich zu sehen, mein Gretelein, und glaub mir, in der nächsten Zeit werde ich dir zeigen: Wir beide gehören einfach zusammen.«

Nein, das werden wir nie tun. Merker und ich gehören zusammen, und auch du wirst bald gar nicht mehr anders können, als das zu akzeptieren, dachte Grete bei sich und strich sich spontan über ihren Bauch. Mit Merker war sie später am Abend auch in dessen Zimmer verabredet. Sie wollte ihn unbedingt sehen, denn gerade heute hatte sie ihm etwas Wichtiges zu sagen. So antwortete sie dem Oberingenieur: »Ja, das ist wohl so. Aber zu schade, dass du dich heute nicht angemeldet hast, ich bin nachher mit Berta verabredet. Du weißt doch, sie war lange Zeit in Hamburg und jetzt ist sie wieder da. Es ist doch in Ordnung für dich, wenn ich nachher auf Besuch zu ihr gehe?«

»Aber natürlich, wenn du so lieb fragst! Und ich mag Berta. Sie ist eine anständige junge Frau und hat einen guten Einfluss auf dich. Sicher habt ihr euch einiges zu erzählen«, erwiderte Preßler, und Grete ärgerte sich insgeheim über die Großmut, die seinen Worten angehaftet hatte.

»Gehe schon einmal in den Salon vor. Ich laufe schnell zu Marie und bitte sie, uns einen Kaffee zu bringen. Oder lieber Tee?«, sagte Grete aufgeräumt und verließ bereits die Diele, ohne eine Antwort abzuwarten. Ihr Weg führte sie direkt in die Küche, wo sie kurzerhand einen Zettel schrieb mit der Mitteilung an ihre Freundin Berta, dass diese ihr heute Abend ein Alibi geben sollte, falls Preßler oder ihre Eltern bei ihr anrufen würden. Sie wüsste schon, warum. Dann schickte sie Marie eilig zu ihrer Freundin, die nur ein paar Straßen weiter wohnte, und begann, Tee aufzusetzen. Berta war bereits vor ein paar Tagen, kurz nach Grete, nach Brand zurückgekehrt und bis auf ein Detail in vollem Bilde, was die aktuellen Ereignisse in Gretes Leben anging. Auch sie selbst hatte einiges aus Hamburg zu berichten gehabt. So hatte sie ihre unerwiderte Liebe zu Fritz Oelzner endlich aufgegeben und sich einem Hamburger Kaufmannssohn zugewandt, der kurz vor ihrer Abreise um ihre Hand angehalten hatte. Berta war nun also wie Grete verlobt, und die Heirat sollte bereits in der kommenden Silvesternacht stattfinden.

»Aber dann lebst du ja ab dem nächsten Jahr in Hamburg!«, hatte Grete erschrocken gerufen – die Vorstellung, ohne ihre beste Freundin zu sein, war für sie nicht leicht. Als Berta jetzt auf Besuch in der Hansestadt gewesen war, hatte die Bürgermeistertochter immer gewusst, dass sie bald wieder da wäre, aber wenn die Freundin erst dort verheiratet war …

»Du kommst mich, so oft du magst, besuchen!«, hatte Berta versucht, Grete zu beruhigen. »Friedrich wird sich freuen, ganz sicher, und das Haus ist groß genug. Es wird dir gefallen. Es liegt direkt an der Elbe wie Dresden, und du bist doch so gern in Dresden.«

Berta Winkler war glücklich, das hatte Grete gesehen und gehört. Ein Stich des Neides hatte ihr Herz durchzogen, und sie war kurz davor gewesen, ihrer Freundin ein schlechtes Gewissen zu machen, weil sie Brand und damit ihre langjährige Freundschaft einfach so mir nichts, dir nichts hinter sich lassen wollte. Für einen Mann! Dann hatte die Bürgermeistertochter sich jedoch zusammengerissen und die verliebte Freundin herzlich in ihre Arme genommen, um ihr Glück zu wünschen. Die Liebe hatte eben ihre eigenen Gesetze, und sie hätte schließlich an deren Stelle genauso gehandelt, lächelte Grete jetzt in sich hinein, während sie zu Preßler in den Salon ging. Im Grunde machte sie es doch bereits wie ihre Freundin und ließ sich von der Liebe ihren Weg zeigen. Würde sie Hans sonst noch nahezu täglich treffen? Im Unterschied zu Berta und deren Friedrich lagen Hans und ihrer gemeinsamen Zukunft allerdings Steine im Weg. Und es waren bei Weitem keine Kieselsteine, sondern schwere Findlinge, dachte Grete und meinte dabei gar nicht so sehr Curt Preßler an sich, als vielmehr das, was er verkörperte: Curt kam aus einer guten Familie, war gebildet, hatte als Ingenieur einen angesehenen Beruf, war vermögend und verdiente gut, hielt sich in seinem Benehmen an die Konventionen, und es gab nichts Schlechtes, was die Leute ihm nachsagen könnten. Dass seine Persönlichkeit nicht eben amüsant war und er privat wie beruflich auf eine subtile Art nach Macht strebte, machte ihn nicht anders als andere Männer seines Standes, und genau das war es: Curt Preßler entsprach komplett der Vorstellung ihrer gesellschaftlichen Kreise, wie ein Mann zu sein hatte, der eine Bürgermeistertochter zur Frau nehmen wollte. Andersherum passte Gretes Verhalten und ihre Liebe zu dem mittellosen Merker absolut nicht in diese bürgerliche Norm. Dass Therese Kunze nichts gegen Hans hatte und Grete half, ihre Liebe mit ihm auszuleben, war für die Bürgermeistertochter wiederum logisch. Hans kam aus Thereses gesellschaftlicher Klasse, und darüber hinaus mochte die Hebamme Grete sehr gern. Dagegen war das Verhältnis zwischen Therese Kunze und Ida Beier angespannt, und für die ältere Frau bedeutete es eine innere Befriedigung, wenn die Dinge nicht so liefen, wie ihre Vermieterin es sich wünschte. Genauso war es mit ihrem Dienstmädchen Marie. Und dass Berta Grete unterstützte, stand außer Frage – sie waren engste Freundinnen.

Als Grete den Salon betrat, fand sie dort den Besucher – denn nichts anderes war Curt mehr für Grete – mit ihrer Mutter ins Gespräch vertieft. Artig setzte sie sich hinzu, fragte ihre Mutter, ob sie auch einen Tee wolle, und als diese verneinte, schenkte sie Preßler und sich selbst eine Tasse ein.

*

»Was hast du da gesagt?«, fragte Hans, obwohl er sie genau verstanden hatte. Da bestand für sie kein Zweifel. Er hatte unsicher geklungen. Sie lagen nebeneinander in seinem Bett, und er rauchte eine Zigarette. Grete mochte den Geruch nicht ganz im Gegensatz zu dem Pfeifentabakgeruch ihres Vaters. Jetzt wollte sie jedoch auch einen Zug abbekommen, sie war einfach so aufgeregt und hielt Hans wortlos ihre linke Hand hin, wobei sie die beiden Finger spreizte, so wie sie es bei ihm gesehen hatte. Außerdem war sie enttäuscht. Warum reagierte Hans so verhalten? Sie hatte gedacht, er würde sich ebenso freuen wie sie. Jetzt endlich hätten sie eine gemeinsame Zukunft, und niemand würde sich ihnen mehr in den Weg stellen.

»Wir bekommen ein Kind«, sagte Grete jetzt noch einmal, nachdem Hans nichts weiter gesagt und ihr die Zigarette gegeben hatte. Sie zog daran und musste husten, wofür sie sich aufsetzte. Als ihre Kehle sich wieder beruhigt hatte, fragte sie: »Was ist mit dir? Freust du dich nicht? Hans, wir bekommen ein Baby! Ist das nicht großartig?«

Johannes Merker wich ihrem Blick aus. Er schien nachzudenken. Dann nahm er einen letzten Zug von der Zigarette, die sie ihm eben zurückgereicht hatte, drückte sie aus, stand auf und begann, langsam in dem kleinen Zimmer auf und ab zu gehen. Wie sie selbst war er unbekleidet. Grete liebte den Anblick seines kräftigen nackten Körpers, und zu gern hätte sie ihn wieder zu sich ins Bett gezogen, doch sie ließ es bleiben. Sie merkte, dass ihm etwas auf der Seele brannte. Plötzlich blieb er vor ihr stehen, musterte sie aus seinen blauen Augen und fragte heiser: »Bist du sicher, dass es von mir ist? Es kann auch von deinem Preßler sein. Schließlich wart ihr zusammen auf Reisen, und er treibt sich ständig im Bürgermeisterhaus herum! Woher soll ich wissen, ob du mein Kind bekommst?«

Grete meinte, nicht richtig gehört zu haben, und wusste nicht, ob sie traurig oder wütend sein sollte. Sie entschied sich für den Mittelweg und entgegnete gefasst: »Du weißt, dass du der Einzige bist, dem ich meine Gunst schenke.«

»Ist das so?«, fragte Merker drohend.

»Ja, das ist so. Warum glaubst du mir nicht? Meinst du im Ernst, ich könnte das? Erst mit Cu… mit Preßler und dann mit dir? Für wen hältst du mich, Hans? Ich liebe dich. Nur dich!«, blitzte sie ihn jetzt doch wütend an.

»Und dich selbst!«, gab Merker boshaft zurück.

Grete war inzwischen auch aufgestanden. Sie drängte sich an Merker vorbei und griff nach ihrer Kleidung, um sich anzuziehen. Sie wollte sich das hier nicht länger anhören. Wie konnte der geliebte Mann nur so schlecht über sie denken und in diesem Ton mit ihr reden? Als sie sich jetzt ihr Korsett umlegte und begann, die Ösen zu schließen, trat Merker hinter sie. Er nahm ihre Hände, führte sie nach vorn, legte sie mitsamt seinen auf ihre schweren Brüste und sagte: »Ich glaube, die beiden sind auch schon größer geworden. Bitte entschuldige, Liebste. Vergiss meine Worte. Du wirst eine wunderbare Mutter sein. Die Mutter von meinem Kind! Nun können deine Eltern nichts mehr gegen eine Verbindung zwischen uns sagen, und dieser Chemnitzer wird der Vergangenheit angehören. Gretel, mein Engel, ich liebe dich.«

Grete wurde wieder warm ums Herz. Sie wollte sich umdrehen und den Geliebten küssen, doch dieser ließ das nicht zu. Stattdessen drückte er sie mit seinem Oberkörper sanft nach vorn, löste seine rechte Hand von ihrer, schob diese zwischen ihre Schenkel und drückte sie auseinander. Als er in sie eindrang, meinte Grete vor Lust zu explodieren.

Kurze Zeit später verließ Grete beseelt das Haus der Witwe Kamlott. Erst auf dem Weg nach Hause fiel ihr auf, dass Hans und sie nicht, wie sie eigentlich vorgehabt hatte, über ihre gemeinsame Zukunft und was nun werden sollte, geredet hatten.

*

Grete schritt beschwingt den Weg entlang, der zur Saxonia-Hütte führte. Es war der 25. September 1906, und obwohl der Herbst bereits Einzug gehalten hatte und die Blätter sich auf den Bäumen bunt färbten, war es noch angenehm warm. Zum Geburtstag, der erst knapp eine Woche zurücklag, hatte sie von ihrem Vater einen Hund geschenkt bekommen, einen Bernhardiner, den sie Barry getauft hatte und bereits heiß und innig liebte. Jetzt hatte sie den jungen Hund von der Leine gelassen, und er genoss die Freiheit, schnüffeln zu können, wo er wollte. Barry lief aufgeregt hin und her, und Grete musste daran denken, wie es erst sein würde, wenn sie mit ihrem Kind unterwegs war. Mit ihrem und Hans' Kind, einem Kind der Liebe und der Leidenschaft. Sie schwor sich, dass sie eine bessere Mutter sein würde als ihre eigene. Ihr Kind sollte Tag und Nacht glücklich sein. Dafür wollte sie alles tun.

Schon bevor sie auf die Rheinreise mit ihren Eltern und Preßler aufgebrochen war, hatte Therese sie beiseite genommen und gefragt, ob es sein könnte, dass sie in anderen Umständen sei. Grete hatte es verneint, da sie stets mit Merker aufgepasst hatte, wie die Hebamme es ihr immer wieder erklärt hatte. Nach Brand zurückgekehrt hatte sie sich dann jedoch von der Hebamme untersuchen lassen, wobei sich deren Vermutung bestätigte. Im ersten Augenblick hatte Grete Angst bekommen. Ein Kind! Sie! Ob sie das schaffen würde? Therese hatte sie beruhigt: »Ach Grete, das haben schon ganz andere geschafft. Und du bist nicht allein. Dein Hans wird dir zur Seite stehen und für euch sorgen. Es wird sicher nicht immer leicht sein, aber ihr liebt euch, das ist das Wichtigste.«

»Ja, du hast wahrscheinlich recht«, hatte Grete erwidert und ihr übliches Lächeln aufgesetzt. Bei sich hatte sie indessen gedacht, dass die verwitwete Hebamme zwar nicht unvermögend war, allerdings dennoch einen anderen Lebensstandard hatte als sie selbst. Dann verbot sie sich jedoch, weiter darüber nachzugrübeln. Sie trug das Kind von Hans unter ihrem Herzen, und nur darum ging es jetzt. Es war eine Tatsache, eine schöne Tatsache, die sich nicht mehr ändern ließ. Das Kind würde nicht nur ein immerwährendes Band zwischen ihnen beiden knüpfen, sondern ebenso ihr Druckmittel gegen die Eltern sein, Hans Merker jetzt doch heiraten zu können – und Preßler im Gegenzug für immer Lebewohl zu sagen. Vor ein paar Tagen hatte sie mit Hans darüber gesprochen, und auch er sah dies so.

»Vor allem werden wir dann keine finanziellen Sorgen haben«, hatte Hans sich gefreut. »Wenn wir erst verheiratet sind und ihr Enkelkind geboren ist, werden deine Eltern uns sicher unterstützen. Und du bekommst ja auch eine Mitgift.«

Grete hatte dies nicht weiter kommentiert, obwohl ihr auf der Zunge gelegen hatte, ob Hans nicht auch aus eigenen Stücken für ihr finanzielles Wohl sorgen und sich im Beruf hocharbeiten wolle. So wie ihr Vater. Sie hatte befürchtet, den Geliebten mit solchen Worten zu verärgern, vor allem, da gerade eine so schöne, entspannte Atmosphäre zwischen ihnen herrschte. Die wollte sie nicht durch eine unbedachte Äußerung gefährden. Jetzt musste sie nur noch den richtigen Zeitpunkt abpassen, um ihren Eltern von dem Kind und ihren Zukunftsplänen zu erzählen. Therese hatte gesagt, wer genau hinsah, würde ihr die Schwangerschaft schon ansehen. Und tatsächlich hatte Grete schon länger festgestellt, dass ihre Kleider, Blusen und Röcke bereits über ihren Brüsten und dem Bauch spannten.

Grete rief Barry zu sich, um ihn anzuleinen – sie waren mittlerweile kurz vor der Glashütte. Wenige Schritte weiter trat sie an die Portiersloge heran und fragte nach Merker. Sie hatte keinen bestimmten Grund und wollte dem Vater ihres ungeborenen Kindes nur kurz »Hallo« sagen und vielleicht einen Kuss geben, wenn es passte. Der Portier wollte Merker Bescheid geben, und während Grete wartete, hörte sie eine Pferdedroschke näherkommen und kurz darauf halten. Neugierig schaute sie, wer aus der Droschke steigen würde, und war umso überraschter, als sie sah, dass es ihr Vater war. Ihm musste es genauso gehen, denn er sagte: »Gretel, was machst du denn hier? Ich habe ein Treffen mit dem Vorarbeiter, aber du? Ich wusste nicht, dass das dein Spazierweg ist.« Der Bürgermeister warf einen Blick auf den jungen Bernhardiner seiner Tochter, und dann erst verstand er. Sein eben noch freudiges Gesicht verzog sich ärgerlich: »Du bist nicht zufällig hier! Es ist wegen diesem Merker! Sage mir, dass es nicht stimmt. Sage mir, dass du ihn nicht mehr triffst.«

»Aber Vater, ich habe dir und Mutter gesagt, dass ich ihn liebe«, antwortete Grete vorsichtig. In letzter Zeit war ihr Vater nicht mehr so verständnisvoll mit ihr wie früher. Er war schneller aufgebracht, und wenn es um Gretes Beziehung zu Preßler ging, befürchtete er jederzeit einen Skandal. Und fiel der Name Johannes Merker, was Grete bisher zu vermeiden suchte, erregte das den Bürgermeister dermaßen, dass er sich in solchen Momenten mit einem Silberkräuterbitter wieder beruhigen musste.

»Wie kannst du so einen Menschen lieben? Und wenn schon? Was du aus der Ferne tust, kann ich dir kaum verbieten, aber ihn leibhaftig zu treffen, schon. Du steigst jetzt in die Droschke und wartest, bis ich von meinem Gespräch wiederkomme. Hast du verstanden?«, befahl Theodor Beier seiner Tochter. In diesem Moment kam der Portier gefolgt von Johannes Merker zurück.

»Steig in die Droschke«, zischte Theodor Beier Grete zu, die ihrem Geliebten einen verzagten Blick zuwarf, ihren jungen Bernhardiner unter einiger Anstrengung hochhob und dann tat, wie ihr geheißen. Aus der geöffneten Kutschtür heraus beobachte sie, wie ihr Vater auf Merker zutrat und ihn zur Rede stellte. Merker blieb nur stehen und sagte kaum etwas. Er sah auch nicht mehr zu Grete hin, bevor er sich wegdrehte und langsam wieder zurück an seinen Arbeitsplatz ging. Ihr Vater sagte daraufhin noch irgendetwas zu dem Portier, der beflissen dazu nickte, und kam anschließend zur Droschke. Dort gab er kurz dem Kutscher eine Anweisung, stieg zu Grete ein, schloss die Tür und setzte sich mit einem tiefen Seufzer ihr gegenüber.

»Hast du nicht eine Verabredung?«, fragte Grete ihren Vater freundlich, während die Droschke sich bereits in Bewegung setzte.

»Verschoben«, antwortete der Bürgermeister knapp, und dann schwiegen sie, während ihr Gefährt über den steinigen Weg Richtung Bürgermeisterhaus rumpelte. Glücklicherweise war die Zeit der Übelkeit bei Grete vorbei, sonst hätte sie auf der wackeligen Fahrt ihr Frühstück sicher nicht bei sich behalten können.

Zu Hause angekommen huschte Grete sogleich in ihr Zimmer. Trotz geschlossener Tür hörte sie, wie ihre Mutter nach einer Weile rief: »Das kann doch nicht wahr sein!« Sekunden später hörte sie harte Schritte auf dem Dielenboden näherkommen, und schon standen ihre Eltern, ohne zuvor angeklopft zu haben, in ihrer Stube.

»Grete, was hat mir dein Vater berichtet? Du triffst immer noch diesen ... diesen ... Tunichtgut? Was denkst du dir dabei?«, polterte Ida Beier sofort los.

»Ich liebe ihn und kann nicht anders, das habe ich euch doch gesagt«, setzte Grete sich trotzig zur Wehr.

»Wen du liebst, ist mir völlig gleichgültig, aber dass du ihn noch triffst, ist nicht recht. Wir haben dich Preßler versprochen, und du wirst dir nicht deine gute Zukunft wegen ein paar Gefühlen für einen wie Merker verbauen, hast du gehört?«, rief die Bürgermeisterin aus.

Mit Argusaugen betrachtete sie ihre Tochter, die jetzt ruhig auf ihrem Stuhl am Sekretär saß und wartete, dass das Donnerwetter vorübergehen würde. Plötzlich schien jedoch bei Ida Beier die Erkenntnis wie ein Blitz einzuschlagen. Sie fixierte ihre Tochter und presste schmallippig hervor: »Darum die Übelkeit und deine Gewichtszunahme in der letzten Zeit. Du bist schwanger! Von Merker!«

Grete legte ihre Hände schützend auf ihren Bauch und sagte kämpferisch: »Ja, Mutter, das bin ich. Jetzt werdet ihr nichts mehr gegen Hans sagen können. Ich bekomme ein Kind von ihm, und nun müsst ihr in unsere Heirat einwilligen. Ihr habt auch geheiratet, weil du mit mir schwanger warst!«

Ihre Eltern starrten sie an. Keiner sagte etwas, bis Theodor Beier sich rührte und das Zimmer wortlos verließ. Ida Beier blickte ihrem Mann hinterher, und erst, als sie hörten, wie die Tür zu seinem Arbeitszimmer zufiel, wandte sie sich wieder Grete zu: »Was tust du uns nur an? Womit haben wir das verdient? Deinem Vater geht es schon länger nicht gut, du wirst es sicher bemerkt haben, obwohl wir es dir nicht gesagt haben. Er ist krank. Wenn du so weitermachst, bringst du ihn noch in sein Grab. Und eines schwöre ich dir bei dem Leben deines Vaters: Merker bekommt dich ganz sicher nicht. Wenn du also klug bist, dann legst du dich zu Curt ins Bett und gibst dich ihm hin. So kann es noch sein Kind werden.«

»*Von unwiderstehlichem Sexualtrieb dem Manne in die Arme geworfen, den sie verachtet, der sie bedroht und ängstigt, dem sie den Mund mit Banknoten stopfen muss; physisch abgestoßen von dem anständigen Manne, den sie achten muss, aber trotzdem grund- und sinnlos verleumdet, um dem Verächtlichen sich gefällig zu zeigen, – so pendelt sie hin und her in einem Chaos von Lügen und Verstellungen.*«

(Autor und Journalist Paul Lindau
über Grete Beier, München 1909)

10. ABBRUCH
NOVEMBER 1906

Grete ging nun strammen Schrittes spazieren, obwohl das Wetter an diesem 12. November 1906 sehr unfreundlich war. Der kalte Sprühregen peitschte ihr ins Gesicht, doch sie ging unbeirrt weiter. Ihre Eltern waren nicht da, sie waren heute in der Früh nach Leipzig gefahren und würden dort auch übernachten. Grete erwartete sie erst am nächsten Abend zurück.

Heute am späten Vormittag hatte ihr Therese Kunze in ihrer Wohnung einen Katheter eingeführt. Die Bürgermeistertochter hatte sich für diese Prozedur mit aufgestellten gespreizten Beinen auf den Küchentisch der Hebamme gelegt, nachdem diese ihr einen Himbeerblättertee zum Trinken gegeben hatte. Gretes Herz hatte während der gesamten Zeit wild geklopft. Allein die Vorstellung, was da gerade geschah, war schrecklich gewesen, dabei hatte es nicht einmal wirklich wehgetan. Nach einigen Stocherversuchen der Hebamme, die Grete wie dumpfe, abgehackte Stöße gegen ihre Innereien vorgekommen waren, war das Fruchtwasser aus ihrem Unterleib herausgequollen. Um es aufzufangen, hatte Therese Kunze eine zuvor bereitgestellte Zinkschüssel zwischen Gretes Beine gehalten, und Grete hatte nur gehört, wie die Flüssigkeit aus ihrem Inneren in diese prasselte. Gefühlt hatte sie es nicht. Als es nur noch aus ihr herausgetröpfelt war, hatte Therese ihr hochgeholfen, und sie hatte sich breitbeinig über die Schüssel, die die Hebamme hierfür auf den Küchenboden gestellt hatte, platziert. Als für den Moment nichts mehr aus ihr herauskam, hatte sie sich wieder angezogen und einen weiteren Himbeerblättertee der Hebamme getrunken. Den Katheter hatte die Hebamme nicht entfernt. Er sollte noch weiter seine Arbeit leisten, und Grete sollte ihn durch Bewegung dabei unterstützen.

Noch immer hatte Grete keinerlei Schmerzen, was sie verwunderte. Die Hebamme hatte ihr zwar gestern bereits das Vorgehen und auch die damit einhergehenden körperlichen Empfindungen erklärt, doch geglaubt hatte Grete es nicht, als Therese ihr gesagt hatte, das Sprengen der Fruchtblase sei das Geringste.

Therese wäre es lieber gewesen, wenn Grete im Haus auf und ab oder die Treppenstufen hoch und runter gegangen wäre, doch sie selbst hatte das Gefühl gehabt, an die frische Luft zu müssen.

»Es wird schon alles weiterhin gut gehen«, hatte sie zu der besorgt dreinblickenden Hebamme gesagt, sich Barry geschnappt, und dann war sie losmarschiert. Inzwischen war sie mindestens schon zwei Stunden unterwegs.

So schwer es ihr gefallen war, hatte sie sich doch vor ein paar Tagen zu der Abtreibung entschlossen und Therese Kunze gebeten, sie durchzuführen, wenn ihre Eltern unterwegs waren. Ihre Eltern wollten nach wie vor, dass sie Curt Preßler heiratete, und hatten ihr immer wieder klargemacht, dass sie einer Ehe mit Merker trotz eines gemeinsamen Kindes niemals zustimmen würden.

»Du wirst dann zusehen müssen, dass du mit deinem Balg nicht im Armenhaus landest, denn von uns hast du nichts zu erwarten. Und ob dieser Handlungsgehilfe, der noch nicht einmal vor kriminellen Betrügereien zurückschreckt, für dich und dein Kind sorgen kann, bezweifle ich. Wahrscheinlicher ist es, dass er sich über kurz oder lang aus dem Staub machen wird oder ins Gefängnis kommt. Doch egal wie, dein Leben wird sich komplett ändern. Wenn du aber den Curt nimmst … ach was, das brauche ich dir nicht zu sagen«, hatte ihre Mutter ihr gegenüber wiederholt bemerkt. Grete gab es zwar der Mutter gegenüber nicht zu – und Hans benahm sich auch nicht so, als würde er kalte Füße bekommen, sondern war im Gegenteil äußerst aufmerksam und lieb zu ihr – doch das Szenario, das ihre Mutter ihr geschildert hatte, war für Grete zumindest denkbar. Zudem wollte sie auch in Zukunft nicht auf einen gewissen Luxus verzichten, doch ohne finanzielle Hilfe durch ihre Eltern wäre der als Frau von Hans Merker kaum möglich. Hans steckte aufgrund seiner damaligen Unterschlagungen noch immer bis zum Hals in Schulden, und er hatte weitere angehäuft, da er für einige Zeit ohne Stellung gewesen war. In der Saxonia-Hütte war ihm kurz nach der Begegnung mit ihrem Vater dort gekündigt worden. Grete vermutete stark, dass der Bürgermeister seine Finger dabei mit im Spiel gehabt hatte. Inzwischen hatte Hans zwar eine neue Stellung in Dresden gefunden und Brand dafür seit dem 21. Oktober verlassen, doch das Geld blieb wie bisher sein Pferdefuß. Hinzu kamen die teuren Bahnfahrten, denn natürlich kam Hans auf Besuch in Gretes Heimatstadt, wobei ihm sein altes Zimmer bei der Witwe Kamlott als Quartier diente, das Grete nach wie vor angemietet hatte.

Und dann war da noch der Gesundheitszustand ihres Vaters. Er sagte zwar auf ihre Fragen immer wieder, er habe nichts, doch Grete sah ihm jedes Mal an, dass er log. Sie wollte ihm die Schande und den Skandal vor dem er sich so fürchtete ersparen. So hatte sie sich schließlich zu der Abtreibung durchgerungen und mit Therese Kunze gesprochen. Nach einigem Zögern hatte die Hebamme eingewilligt. Sie hatte Grete nicht nach dem Warum gefragt – sie konnte es sich aller Wahrscheinlichkeit nach denken.

Plötzlich fühlte Grete einen Schmerz in den Leisten. War das das erste Anzeichen? Stieß ihr Körper jetzt das Kind ab? Grete musste stehen bleiben. Jetzt zog der Schmerz über die Seiten nach hinten in ihren Rücken. Sie fühlte ihren inzwischen schon deutlich rundlicher gewordenen Bauch, der hart geworden war. Dann verebbte der Schmerz so plötzlich, wie er gekommen war, und Grete konnte weitergehen. Sie trat jetzt den Rückweg nach Hause an. Unterwegs musste sie ein paar Mal stehen bleiben und die wiederkehrenden Schmerzen vorüberziehen lassen.

Im Bürgermeisterhaus stellte die Hebamme fest, dass bei Grete tatsächlich die Wehen wie gehofft eingesetzt hatten. Sie nahmen immer mehr zu und kamen bald in regelmäßigen Abständen. Dennoch dauerten sie den ganzen restlichen Tag und die Nacht an. Therese Kunze hatte Grete bei sich untergebracht, und als der Körper der jungen Frau am Morgen des 13. Novembers 1906 die Frucht in ihrem Unterleib abstieß, weinte sie zum ersten Mal, nachdem sie den Entschluss dazu gefasst hatte. Grete wollte ihr Kind sehen und so zeigte ihr die Hebamme das von einer hellen Blutschicht überzogene, bereits tot geborene Kleine, gab es ihr jedoch nicht in die Arme. Es war ein Junge, und trotzdem er erst etwa 15 Wochen in Gretes Körper gereift und etwa so klein wie ihre Handfläche war, war schon alles an ihm dran – die Ohren, die Nase, jeder einzelne Finger und alle Zehen. Grete musste sich abwenden. Sie allein hatte ihm das Leben geschenkt und sie allein hatte es ihm wieder genommen. Natürlich war Merker der Vater, doch erst ihr Körper hatte ihm das Nest geboten, das er zum Leben brauchte, und sie war es auch gewesen, die Therese gebeten hatte, dieses Nest wieder zu zerstören. Grete schloss die Augen – bloß nicht daran denken.

»Therese, hilf mir in mein Bett hinauf«, bat sie die Hebamme, die den Jungen in der Zwischenzeit in ein Leinentuch eingewickelt hatte und gerade in einer Obstkiste ablegte. Therese Kunze nickte stumm, half Grete hoch und brachte sie in ihr Mansardenzimmer. Kaum lag die junge Frau in ihrem Bett, fiel sie erschöpft in einen traumlosen Schlaf.

✶

Grete saß an ihrem Sekretär. Es war noch nicht spät am Nachmittag, aber da es November war, dämmerte es bereits. Sie schrieb einen Brief an Hans Merker, um ihm von der Abtreibung ihres gemeinsamen Sohnes zu schreiben. Die Hebamme würde ihn nachher in der

Bahnhofstraße vorbeibringen, in der Hoffnung, Hans sei noch wie in den letzten Tagen vor Ort und nicht bereits wieder in Dresden. Die Abtreibung war zwar bereits einige Tage her, dennoch hatte sie ihn nicht sehen können, da sie das Bett hatte hüten müssen. Sie hatte Blutungen gehabt, die normal waren, wie ihr Therese Kunze immer wieder versichert hatte. Trotzdem hatte die Hebamme darauf bestanden, dass Grete sich schonen müsse, um keine Infektion zu riskieren. Und auch selbst wenn Grete es gewollt hätte, hätte sie keinen Fuß vor die Tür setzen können, da sie zudem starke Schmerzen gehabt hatte, die erst seit gestern allmählich abklangen. Die Hebamme hatte es übernommen, dem Geliebten der Bürgermeistertochter zu berichten, dass Grete krank sei und ihn aus diesem Grund momentan nicht treffen könne. Mehr hatte sie ihm nicht gesagt, denn wie auch Grete war sie der Meinung, dass die junge Frau dies selbst übernehmen müsste. Ihre Eltern wussten allerdings bereits Bescheid. Therese Kunze hatte sie gleich am Abend ihrer Rückkehr aus Leipzig informiert. Grete hatte da schon geschlafen. Einmal war sie in jener Nacht aufgewacht, da hatte sie ihren Vater im Sessel sitzen sehen. Sein Kopf war auf seine Brust gesunken, und im ersten Augenblick hatte sie einen Schreck bekommen. Als ihr Vater jedoch einen kleinen Aufschnarcher von sich gegeben hatte, war sie beruhigt gewesen und hatte glücklich die Augen geschlossen. Ihr Vater sorgte sich um sie, und er wachte an ihrem Bett so wie früher, wenn sie als kleines Mädchen krank gewesen war. So hatte der Abbruch ihrer Schwangerschaft also doch sein Gutes. Mit diesem Gedanken war Grete wieder eingeschlafen.

Nachdenklich sah Grete jetzt von ihrem Brief auf und schaute aus dem Fenster. Sie suchte nach den richtigen Worten für Hans, nach einer Erklärung für ihre Entscheidung, die ihn nicht verletzen würde. Wobei, den Standpunkt ihrer Eltern hatte sie schon aufgeschrieben und auch, dass sie ohne deren Unterstützung ihrem Kind kein gutes Leben hätten bieten können. Das würde ausreichen, um bei ihm auf Verständnis für ihr Handeln zu stoßen. Ganz bestimmt. Gerade, als sie sich wieder abwendete, um ihren Brief an Hans mit ein paar Liebesworten zu beenden, sah sie aus den Augenwinkeln eine Gestalt durch den Garten huschen. Neugierig schaute sie genauer hin und stellte fest, dass es von der Statur und Art der Bewegung ihr Vater sein musste. Er trug einen Spaten mit sich. Was hatte das zu bedeuten? Was machte der Bürgermeister jetzt im Garten? Wohl kaum Gartenarbeit! An einem großen Rhododendron verharrte Theodor Beier. Er schien zu überlegen, zumindest regte er sich eine kleine Weile nicht. Als er sich dann bewegte und am Rande des Rhododendrons einen Spatenstich setzte, war Grete regelrecht überrascht. Warum hebt er ein Loch aus?, fragte sie sich. Ein bisschen kannte sie sich mit Gartenarbeit aus, der November war nicht eben die beste Pflanzzeit. Ihr Vater hatte etwa 20 Mal den Spaten in die Erde gestoßen und mit jedem einzelnen Mal einen ordentlichen Klumpen herausbefördert, den er neben sich schippte. Dann hielt er inne. Er beugte sich zu einem Korb hinunter, den er, bevor er seine Arbeit aufnahm, neben sich abgestellt hatte. Aus dem Korb holte er ein kleines Bündel, ging in die Knie und legte es behutsam in das Loch, als könnte es sonst zerbrechen. Seine Schultern zuckten dabei. Weinte er? In diesem Augenblick wusste Grete, was ihr Vater machte. Er begrub ihr Kind. Jetzt traten auch aus ihren Augen die Tränen hervor, und ohne großartig darüber nachzudenken, wandte sie sich vom Fenster ab, hielt ihr Gesicht über den unfertigen Brief und ließ ihre Tränen auf die Tinte tropfen, dann brauchte sie später kein Wasserglas zu bemühen.

»*Das Raffinement bei Ausübung der Tat ließ zunächst den Gedanken aufkommen, dass die Täterin nicht im Besitz ihrer Geisteskräfte sei. Sie wurde daher einige Wochen auf ihren Geisteszustand untersucht, die Sachverständigen äußerten sich aber dahin, dass Grete Beier wohl hysterisch und geistig minderwertig, zur Zeit der Tat aber zurechnungsfähig gewesen sei. Die Verteidigung vertritt den Standpunkt, dass die Täterin an einer Art moralischem Wahnsinn leidet. Doch gilt diese Art des Verrücktseins nach unserem Strafrecht nicht als Strafausschließungsgrund. Da die Beier, wie festgestellt worden ist, mit ihrem Geliebten Merker geradezu tolle Orgien gefeiert haben soll, nimmt man andererseits an, dass sie an einem Defekt leidet, der auf sexuellem Gebiete zu suchen ist.*«

(Münchner Neueste Nachrichten
über den Grete-Beier-Prozess am 30. Juni 1908)

11. MORDGEDANKEN
DEZEMBER 1906 BIS MÄRZ/
APRIL 1907

Johannes Merker hatte die Dunkelheit des Abends genutzt, um unerkannt zum Bürgermeisterhaus zu kommen und bei der Hebamme anzuklopfen, in deren Küche er jetzt saß. Auf sein Verlangen hin hatte diese eben unter einem Vorwand Grete von oben heruntergeholt, die über den Besuch freudig überrascht gewesen war. Obwohl es ihr noch immer nicht gut ging, hatte sie sich aufgerafft und war der Hebamme gefolgt. Allem Anschein nach wollte der Geliebte, der erst gestern Gretes Brief bekommen hatte, sie sehen, ihr Beistand in dieser schrecklichen Zeit leisten. Dafür hatte er selbst das Risiko der Entdeckung auf sich genommen und war extra aus Dresden in ihr Elternhaus gekommen! Sobald sie in die Küche der Hebamme getreten war, löste sich ihre Vermutung jedoch in Luft auf. Hans starrte ihr hasserfüllt entgegen und stand nicht auf, um sie zu begrüßen oder in den Arm zu nehmen. Grete fröstelte unter seinem Blick und zog automatisch ihren Morgenmantel enger – darunter war sie bereits für die Nacht gekleidet.

»Ihr habt mein Kind weggemacht«, stellte Merker ohne Umschweife fest. Die beiden Frauen blickten zu Boden. Was sollten sie darauf auch erwidern?

»Ihr habt mein Kind weggemacht«, wiederholte Merker jetzt weitaus aggressiver und fuhr fort: »Warum? Warum habt ihr meinem Sohn seine Zukunft genommen? Und meine gleich mit? Wie konntet ihr das einfach so entscheiden, ihr Weiber? Hä? Deine Eltern hätten schon für uns gesorgt, wenn das Kind erst da gewesen wäre. Wenn nicht aus Liebe zu dir oder dem Kind, dann um den Skandal klein zu halten. Und jetzt? Jetzt haben wir nichts. Kein Kind, keine Heirat. Und du verkriechst dich in deinem Elternhaus, als wäre nichts gewesen. Aber nicht mit mir, hörst du? Nicht mit mir! Dafür werdet ihr mir bezahlen!«

»Wir können nichts dafür, Curt und meine Mutter haben mir … haben mir heimlich irgendein Mittel in meinen Morgen-Kakao getan.« Grete schaute noch immer zu Boden, stupste jedoch hinter ihrem Rücken die Hebamme an, damit diese ihr nicht ins Wort fiel, während sie ihre eben gerade schnell ausgedachte Geschichte erzählte: »Preßler hat es besorgt, und meine Mutter hat es hineingeschüttet. Als ich dann in der letzten Woche plötzlich Wehen bekommen habe, bin ich gleich zu Therese gelaufen. Sie hat mir ein paar Fragen gestellt, und dabei kam heraus, dass der Kakao in letzter Zeit einen bestimmten bitteren Nebengeschmack gehabt hat und dass … dass Abtreibungsmittel so einen Geschmack haben. Ich habe dann einen Brief gefunden, den Cu… Preßler an meine Mutter dazu geschrieben hatte. Aus dem erfuhr ich, dass er das Mittel aus Italien besorgt hat. Ich habe natürlich meine Mutter zur Rede gestellt, und sie hat es zugegeben, aber ich durfte es niemandem erzählen. Deswegen habe ich dir geschrieben, die Abtreibung sei mein freier Wille gewesen.«

Auf dem Gesicht des Handlungsgehilfen breitete sich ein fratzenhaftes Grinsen aus: »Ach, das ist ja interessant. Da könnte man ja was draus machen. Sicherlich haben die beiden feinen Leute kein Interesse daran, dass das der Staatsanwaltschaft zu Ohren kommt, und ihr beiden Hübschen auch nicht, oder, mein Engel? Immerhin habt auch ihr am Ende in der Sache mitgespielt und wärt zumindest wegen Beihilfe am Kindesmord dran. Ich mag mir ja gar nicht vorstellen, was das bedeutet! Was für ein Skandal! Und das im Bürgermeisterhaus. Und du, liebe Therese, was wird das für dich nur heißen? Selbst wenn du nicht ins Gefängnis dafür kommst, deinen Beruf wirst du wohl kaum mehr ausüben dürfen …«

»Grete hat dir einen Bären aufgebunden«, unterbrach die entsetzte Therese den Mann an ihrem Küchentisch und Grete fiel sogleich mit ein: »Ja, Therese hat recht. Ich wollte nur Preßler und meine Mutter vor dir schlecht machen. Sie haben gar nichts mit der Sache zu tun. Es … es war ein Unfall. Ein ganz gemeiner Unfall.«

»Sie ist die Treppe hinabgestürzt, so war es«, ergänzte die Hebamme kurzerhand.

»Die Treppe hinabgestürzt«, lachte Merker boshaft auf. »Und das soll ich euch jetzt noch glauben? Aber ich will mal nicht so sein. Ich bin derzeit ein wenig klamm, wenn ihr mit etwas Geld borgen könntet, dann würde ich wieder besser schlafen können und käme bestimmt nicht auf irgendwelche Ideen …«

Die beiden Frauen verstanden. Wortlos ging die Hebamme in ihr Schlafzimmer. Als sie wieder zurückkam, legte sie ihm zwei 20-Mark-Stücke auf den Tisch: »Mehr habe ich nicht.«

Merker griff nach dem Geld, ließ es in seine Westentasche gleiten, stand auf und trat auf Grete zu, die einen Schritt zurückwich und dadurch an den Spültisch hinter sich anstieß.

»Gretelein, hast du etwa Angst vor mir?«, fragte Merker und trat dichter an die verängstigte junge Frau heran. Er legte seinen Zeigefinger unter ihr Kinn und hob ihren Kopf an, sodass sie ihm direkt in seine stahlblauen Augen sah, die sie zufrieden anblitzten: »Du brauchst dich nicht zu fürchten, alles wird gut. Zwar wird es jetzt schwieriger werden, aber du bist nach wie vor die Frau, die ich heiraten möchte. So schnell gebe ich nicht auf. Und du, meine Liebste, du willst es doch sicher auch noch, nicht wahr?«

Grete rang sich ein Lächeln ab: »Ja, ja natürlich.«

»Na, dann ist ja gut, Fräulein Bürgermeistertochter«, erklärte Merker, drückte Grete einen harten Kuss auf den Mund und verließ grußlos die Wohnung der Hebamme.

✳

»Grete, was ist das?«, fragte Theodor Beier seine Tochter. Sie war gerade von einem Besuch bei Hans nach Hause gekommen und dann direkt in ihr Zimmer gegangen, wo sie ihren Vater an ihrem Sekretär stehend antraf. In seiner Hand hielt er den Revolver, den sie sich unlängst besorgt hatte. Es war eine spontane Entscheidung gewesen, nachdem sie mal wieder bei Johannes Merker gewesen war. Trotz seiner herrischen und selbstgerechten Art, die er seit seinem vermeintlichen Wissen über ihre Abtreibung an den Tag legte, liebte sie ihn tief in ihrem Herzen noch immer und traf ihn weiterhin – so, wie auch er es wollte. Gleichzeitig fühlte sie sich von ihm bedroht, denn jedes Mal, wenn sie ihm widersprach, ihm nicht die bedingungslose Liebe zeigte, die er von ihr erwartete oder keine Münzen zustecken wollte, nach denen er inzwischen direkt verlangte, wurde er wütend. Er bezichtigte sie dann, kalt und lieblos zu sein und nun doch Curt Preßler ihm vorzuziehen. Vor allem, wenn er gehört hatte, dass sie mit dem Oberingenieur in der Öffentlichkeit spazieren gegangen oder auf einer Gesellschaft gewesen war, brachte ihn das zur Weißglut, und er erpresste sie mit seinem möglichen Gang zur Staatsanwaltschaft. Er war sogar so weit gegangen, kurz nachdem er von dem Abbruch erfahren hatte von Dresden aus ihren Vater anzurufen. Merker hatte diesen gefragt, was da im Bürgermeisterhaus vor sich gegangen war und ebenfalls mit der Staatsanwaltschaft gedroht. Als Grete dann der Revolver in die Hände gespielt wurde, hatte sie kaum gezögert, ihn an sich zu nehmen. Allein das Gefühl, ihn in ihrem Besitz zu wissen, hatte ihr Sicherheit gegeben. Wofür und ob sie ihn jemals benutzen wollte, hatte sie nicht gewusst. Vielleicht würde sie ihn gegen Merker einsetzen. Dann könnte sie hinterher um ihn trauern, und er würde sie nie wieder verletzen und vor allem benutzen können. Denn dass er das inzwischen tat, stand außer Frage. Bei jeder Gelegenheit betonte er, dass er sie, ihre Familie und auch die Hebamme durch sein Wissen in der Hand hätte, obwohl sie versuchte, ihm weiterhin zu Gefallen zu sein. Sie schrieb ihm Briefe, die vor Liebe trieften, und verleugnete Preßler, obgleich sie mittlerweile immer häufiger dachte, dass dieser das geringere Übel war. Dennoch oder vielleicht sogar gerade deswegen, hasste sie Preßler weiterhin. Diese ganze verdammte Verlobungsgeschichte, von der nun wieder oder vielmehr noch immer geplanten Heirat ganz zu schweigen, hatte doch alles erst so kommen lassen, wie es unterdessen war. Dieses ganze Durcheinander und Unglück. Vor allem hatte Curt sich zwischen sie und ihren Vater gedrängt. Bevor der Oberingenieur in ihr Leben und ins Bürgermeisterhaus geplatzt war, war ihr Vater stets auf ihrer Seite gewesen, wenn die Mutter barsch zu ihr war oder sie zu etwas zwingen wollte. Seit Preßlers Auftauchen war das anders. Sonst würde ihr Vater schließlich nicht so beharrlich entgegen ihrem Willen auf die Verbindung mit dem Chemnitzer bestehen. Preßler musste nach wie vor weg. Daran bestand kein Zweifel für Grete, und auch hierzu konnte der Revolver ihr dienlich sein. Schließlich sollte er nicht lang leiden müssen – obwohl er es verdient hätte, so wie sie unter ihm litt – und ein Schuss konnte ein Leben schnell beenden.

Gegebenenfalls hatte sie aber auch den Revolver gegen sich selbst richten wollte. Zumindest hatte sie hin und wieder mit diesem Gedanken gespielt, da ihr das Leben oft unerträglich vorkam. Noch vor wenigen Jahren war alles so leicht erschienen. Sie war ein fröhliches, allseits beliebtes junges Mädchen gewesen, das höchstens einmal mit seiner Mutter aneinandergeriet, aber ansonsten jeden neuen Tag einfach nur genoss. Und heute? Heute war nicht nur für sie selbst das Unglücklichsein ständiger Begleiter, sondern sie hatte auch andere unschuldige Menschen in ihr misslungenes Dasein mit hineingezogen – angefangen bei ihren Eltern über Therese Kunze bis hin zu Curt Preßler, der den Fehler begangen hatte, sich in sie zu verlieben und zudem nicht Gretes Bild von einem Mann entsprach. Sie dankte Gott, dass bisher wenigstens Berta weitestgehend von ihrer Schändlichkeit verschont geblieben war und schon bald im fernen Hamburg verheiratet sein würde.

»Das ist ein Revolver«, antwortete Grete unschuldig ihrem Vater. Gleichzeitig ärgerte sie sich über sich selbst. Warum war sie so nachlässig gewesen und hatte die Schusswaffe nicht besser versteckt. Sie wusste, dass ihre Eltern spätestens seit der Abtreibung stichprobenartig ihr Zimmer nach Anzeichen, ob sie nach wie vor Merker traf, durchsuchten. Deswegen hatte sie auch alles, was den Handlungsgehilfen betraf, bei der Hebamme deponiert.

»Das weiß ich selbst. Was willst du damit?«, fragte ihr Vater aufgebracht. Aus Ermangelung einer Antwort und weil sie ihrem Vater nicht in die Augen blicken wollte, ließ Grete ihren Blick im Raum umherschweifen. Bei einem Buch im Bücherregal blieb er hängen. Sie schluckte ein paarmal und drückte einige Tränen hervor. Ihr Vater sollte möglichst viel Mitleid mit ihr bekommen, wenigstens seine aufrichtige Liebe wollte sie nicht verlieren. Schniefend sagte sie: »Auch ich habe Goethes ›Werther‹ gelesen, Vater. Und auch wenn ich kein Mann bin, hat mich meine falsche Liebe krank gemacht …«

»Oh Grete, Liebes, an so etwas darfst du noch nicht

einmal denken«, erwiderte ihr Vater betroffen, trat auf sie zu und nahm sie in seine Arme. Grete schmiegte sich fest an ihn, und für einen Moment fühlte sie sich beschützt und befreit von ihren Lasten.

»Versprich mir, dass du keinen Unsinn machst, ja?«, raunte Theodor Beier seiner Tochter betreten in die lockigen Haare.

»Ja«, versprach die Bürgermeistertochter und schniefte ein weiteres Mal. Nicht, weil wieder Tränen kamen, sondern weil der Wollstoff seiner Jacke, die er nur noch zu Hause trug, ihr in der Nase kitzelte. Sie drückte sich von ihrem Vater ab, zog ein kleines Spitzentaschentuch aus der Tasche ihres Rockes und schnäuzte sich. Unsicher, was er ihr noch sagen sollte, betrachtete der Vater seine Tochter dabei. Als sie fertig war und ihm aufmunternd zulächelte, sagte er: »Wir sehen uns dann gleich beim Abendessen«, und verschwand aus ihrem Zimmer. Den Revolver nahm er zu Gretes Verdruss mit.

∗

Die Wochen zogen dahin. Sie hatten das Weihnachtsfest gefeiert und das neue Jahr begangen. Bis auf die inzwischen gewohnten Querelen mit Johannes Merker auf der einen und Curt Preßler sowie ihren Eltern auf der anderen Seite war nichts geschehen. Grete hatte sich besonnen verhalten, dennoch war sie nicht entspannt. Sie hatte Hans ruhig halten können, und manches Mal war es sogar zwischen ihnen wie früher. Trotzdem wusste sie, dass er ein Pulverfass war, das ihre Familie bedrohte und jederzeit hochgehen konnte.

Im Februar wurde erneut über ihren Kopf hinweg ein Hochzeitstag festgelegt: Schon am 14. Mai 1907 sollte es so weit sein – an diesem Tag wollte der Oberingenieur sie vor den Altar führen. Wie ein Damoklesschwert schwebte fortan der mit jedem Tag, nein, jeder Sekunde näher rückende Termin über Grete. Tagsüber funktionierte sie, wie ihre Eltern und der Chemnitzer es wünschten und tat nach außen hin alles für die bevorstehende Ehe. Sie ging mit zur Besichtigung verschiedener Wohnungen, und als sie in der Henriettenstraße 21 im zweiten Stockwerk eine passende gefunden hatten, bestellte sie die Möbel dafür und es bereitete ihr sogar Spaß, ihren eigenen Haushalt zu planen und zu bestücken.

Nachts grübelte sie jedoch in ihrem Bett darüber nach, wie sie diesem Netz, in dem sie sich verstrickt hatte, ein für alle Mal entkommen könnte. Sie wusste aufgrund der Vergangenheit, dass schlechtes Benehmen oder gar die offene Ablehnung des Oberingenieurs keine Wirkung zeigen würde. Letztlich wäre es vielleicht gar nicht verkehrt, Preßler tatsächlich zu heiraten. Als seine Ehefrau hätte sie mehr Geld als jetzt zur Verfügung und könnte sicher regelmäßig etwas davon abknapsen, um es Hans zu geben. Über kurz oder lang wäre der dann seine Schulden los und sie könnte sich von Preßler scheiden lassen, Hans endlich heiraten und mit ihm so glücklich werden, wie sie es bereits kurz nach ihrem Kennenlernen gedacht hatten – ohne Geldschulden, dafür mit unendlich viel Liebe. Aber wollte sie wirklich noch so lange warten? Könnte sie das aushalten? Wäre sie mit Preßler erst verheiratet, müsste sie auch ihren ehelichen Pflichten nachkommen, und das wollte sie auf keinen Fall, nach wie vor ekelte sie vor dem älteren Mann und schüttelte sich schon bei dem Gedanken, dass er sie berührte. So manifestierte sich ein Gedanke, den sie schon einmal gehabt, jedoch nicht zu Ende gedacht hatte, immer stärker in ihr: Preßler musste weg. Am besten für immer. Er musste sterben. Nur wie? Den Revolver hatte der Vater ihr weggenommen. Gift würde eine gute Sache sein, doch auch das stand ihr nicht zur Verfügung. Auf jeden Fall müsste alles auf einen Täter hinweisen, der nicht in ihrem eigenen Umfeld zu suchen wäre. Vielleicht konnte sie Preßlers Tod wie einen Racheakt aussehen lassen? Oder viel besser noch wie Selbstmord, damit überhaupt nicht weiter nachgeforscht würde. Doch warum sollte Curt sich umbringen und das so kurz vor der Hochzeit? Grete müsste hierfür eine schlüssige Erklärung stricken, um mögliche Zweifel an einem selbst gewählten Tod im Keim zu ersticken.

Als sie wieder eines nachts diese Gedanken in ihrem Kopf hin und her wälzte, kam Grete plötzlich ein Roman in den Sinn, den sie vor längerer Zeit einmal gelesen hatte. Titel und Autor waren ihr entfallen, nicht aber der Kern der Geschichte. Es war darum gegangen, dass während einer Trauung die erste Frau des Bräutigams, von der niemand etwas wusste, unerwartet aufgetaucht war und eine heftige Szene gemacht hatte. Verständlicherweise, war sie doch nach wie vor mit dem Mann verheiratet, der nun noch eine zweite Frau ehelichen wollte. Ja, so würde sie es auch machen, das war überhaupt die Idee. Sie würde Preßler eine Ehefrau andichten. Und so ganz nebenbei hätte eine bereits mit Preßler verheiratete Frau auch noch einen weiteren guten Zweck: Hans, dem sie nach ihren Erfahrungen mit ihm wegen der Abtreibung nicht von ihren Mordplänen erzählen würde, würde ihr endlich glauben, dass sie Preßler nie und nimmer heiratete, ja es gar nicht könnte, da dieser bereits verheiratet war!

*

Es war der 13. März 1907, nervös schaute Grete sich immer wieder um. Es wäre nicht gut, wenn sie jemand sehen würde. Nicht jetzt, nicht in dieser Situation, in der sie auf ihren Vater achten musste. Er sollte sich nicht aufregen, und käme ihm dies hier zu Ohren, würde er es sicher tun.

Hans Merker hatte sie bei ihrem täglichen Gassigang mit Barry abgefangen. Zunächst, um sie liebevoll zu überraschen, jetzt machte er ihr jedoch auf offener Straße heftige Vorwürfe. Er hatte den Verlobungsring von Curt Preßler an ihrer Hand stecken sehen und war sofort wütend geworden. Wie hatte sie auch so nachlässig sein können? Andererseits hatte sie gar nicht gewusst, dass er überhaupt in Brand war, sondern ihn in Dresden gewähnt. Wenn sie sonst mit Hans verabredet war oder annahm, dass sie sich irgendwie über den Weg laufen könnten, hatte sie den Ring vorher immer abgezogen und in ihrer Tasche verborgen. Heute hatte sie nicht einmal schnell reagieren können, da sie Hans von Weitem nicht gesehen hatte, als er ihr auf ihrem üblichen Weg entgegengekommen war. Sie war mit ihren Gedanken bei ihrem Vater gewesen und hatte nicht auf die Menschen, die ihren Weg kreuzten, geachtet. Ihre Vermutung und die Andeutung ihrer Mutter bereits im letzten Jahr hatten sich bestätigt. Ihr Vater war krank, todkrank. Stimmten die ersten Diagnosen, hatte er Darmkrebs. Momentan war er zu Hause und übte sein Bürgermeisteramt weitestgehend von dort aus. Seit sie es erfahren hatte, hatte Grete sich immer wieder gefragt, ob sie schuld an den Geschwüren sei, die sich in ihren Vater hineinfraßen und langsam die Herrschaft über seinen Körper übernahmen. Sie wusste nicht viel über Krebs, doch sie wusste, dass er ohne Vorankündigung kam und nicht ansteckend war. Hatte der Krebs sich ihren Vater ausgesucht, weil er leichtes Spiel bei ihm hatte? Schließlich waren Körper und Seele miteinander verbunden und war es bei ihr nicht auch so gewesen? Ihre Seele hatte durch Preßler seinerzeit gelitten, und darauf hatte ihr Körper mit Fieber reagiert. Auch ihr Vater hatte durch sie, seine Tochter, immer wieder Aufregung und Seelenleid erfahren. Reagierte sein Körper jetzt mit dem Krebs oder hatte diesen zumindest in sich eingelassen? Solche und ähnliche Fragen hatte sie sich gestellt, als sie fast in den Mann hineingerannt wäre, der sich ihr in den Weg gestellt hatte. Als sie zu ihm aufschaute und Hans in ihm erkannte, machte ihr Herz einen kleinen Hüpfer. So wie jedes Mal, wenn sie sich sahen. Sie wunderte sich dann immer selbst über sich, da er ihr durch seine Drohungen inzwischen auch sein anderes Gesicht gezeigt hatte, aber die Liebe hatte eben ihre eigenen Gesetze.

»Wie schön, du bist in Brand«, hatte sie lächelnd festgestellt.

»Ich hatte Sehnsucht nach dir, und als du mir nach Dresden geschrieben hast, dass es deinem Vater nicht gut geht, dachte ich, ich könnte dich überraschen und ein wenig ablenken. Was meinst du, kommst du mit auf mein Zimmer bei der Kamlott?«, hatte er mit einem schelmischen Grinsen im Gesicht erwidert. Dann hatte seine Miene sich abrupt verändert. Das Grinsen war verschwunden, seine Augen hatten sich zu Schlitzen verengt, und über seiner Nasenwurzel hatte sich eine tiefe Zornesfalte gebildet.

»Wieso trägst du den Verlobungsring?«, hatte er mit bebender Stimme gefragt.

Grete hatte erschrocken ihre Hand ausgestreckt und auf ihren Ringfinger geschaut, als wüsste sie selbst nicht, wie der Ring dahin gekommen war. In ihrem Kopf hatte sie nach Ausflüchten gesucht, während Hans Merker ihr abwechselnd Vorhaltungen gemacht und gedroht hatte, Preßler und damit auch alle anderen vermeintlich Beteiligten wegen der Abtreibung beim Staatsanwalt anzukreiden.

Kurz entschlossen zog Grete Merker nun am Arm ein paar Meter weiter in einen kleinen Knickweg hinein. Hans war nach wie vor wütend, ließ es sich jedoch gefallen und verstummte für einen Moment. Grete nutzte die Gelegenheit und fiel ihm um den Hals. Sie schmiegte sich eng an ihn, obwohl er stocksteif dastand und noch nicht einmal die Arme um sie legte. Aber Grete ließ sich nicht beirren. Sie wusste plötzlich, wie sie Hans beschwichtigen konnte, und wie es der Zufall wollte, hatte sie sogar die Beweise dafür in ihrer Handtasche dabei.

»Hans, ich muss den Ring tragen, es geht nicht anders. Ich muss das Spiel mitspielen. Schon für meinen Vater. Es hat aber nichts mit uns zu tun. Glaube mir bitte«, flüsterte sie an seinen Hals, und als er nichts sagte, redete sie, mutiger geworden, weiter: »Ich liebe nur dich, und wir werden heiraten, das verspreche ich dir. Vielleicht wunderst du dich, dass ich das so gelassen sage, aber ich weiß etwas über Curt, was sonst niemand weiß. Zumindest nicht hier in Deutschland.« Grete machte eine Kunstpause, dann ließ sie ihre Bombe platzen: »Curt Preßler ist bereits verheiratet!«

»Das kann nicht sein!«, war Merker ehrlich überrascht, nahm Grete an ihren Oberarmen und hielt sie von sich weg, um ihr in die Augen zu sehen.

»Doch, Hans, es stimmt«, freute sich Grete, denn im Gesicht ihres Geliebten war jegliche Wut weggewischt, dafür blitzten seine Augen neugierig.

»Erzähl«, forderte er sie auf. »Woher weißt du das?«

»Sie ist Italienerin. Sie nennt sich Ferroni, das ist ihr Mädchenname vor der Heirat mit Curt. Sie hat mir einen Brief geschrieben, um mich im Centralhotel in Chemnitz zu treffen. Das habe ich gemacht. Sie ist entsetzt, dass Preßler mich heiraten will, zwar leben sie ihre Ehe nicht, aber dennoch ist das widerlich. Außerdem sinnt sie auf Rache. Er hat vor Jahren ihrer Schwester ein Kind gemacht, die hat sich dann deswegen umgebracht. Dann hat die Ferroni ihn zur Hochzeit mit ihr gezwungen. Sie wäre sonst zur Polizei gegangen, so musste er aber für sie sorgen. Sie kommt selbst aus reichem Hause, aber, wie hat sie noch zu mir gesagt? Ach ja: ›Er sollte für das bluten, was er meiner Schwester angetan hat, und nichts ist da besser als ein steter finanzieller Aderlass‹, hat sie gesagt«, sprudelte die Bürgermeistertochter ihre Geschichte heraus, und fast hätte sie sie selbst geglaubt. »Auf jeden Fall haben wir jetzt besprochen, dass wir es bis zum Äußersten kommen lassen werden, und die Ferroni erst bei der Hochzeitszeremonie auftauchen und dazwischentreten wird. Da muss Curt dann ein weiteres hübsches Sümmchen Entschädigung an die Ferroni und mich zahlen und wird außerdem wegen Bigamie verurteilt.«

»Hm«, sagte der Handlungsgehilfe nachdenklich, er schien Grete nicht recht zu glauben. »Und woher weiß diese Frau so plötzlich von dir?«

»Sie … sie hat Preßler schon seit Jahren von einem Detektiv beobachten lassen, und der ist dann auch irgendwann auf mich gekommen«, erklärte Grete.

»Du musst zugeben, dass sich das nach einer Räuberpistole anhört …«, sagte Hans Merker zögernd.

Grete fiel ihm ins Wort: »Oh, du glaubst mir nicht? Dann hier, schau, hier sind Briefe, die mir Signora Ferroni geschrieben hat. Ich wusste nicht, wo ich sie vor meinen Eltern verstecken sollte, und auch von Therese wollte ich sie nicht aufbewahren lassen. Sie sind zu wichtig.«

Grete hatte während sie sprach aus ihrer Tasche die zwei Briefe von Preßlers angeblicher Gattin, die sie selbst mit verstellter Schrift geschrieben hatte und tatsächlich in ihrer Handtasche versteckt hatte, hervorgeholt und reichte sie nun Merker. Kritisch faltete er das Papier auseinander, auf dem die Signora Ferroni sich Grete erklärte und bat, ihr eine Nachricht ins Chemnitzer Centralhotel zu senden, ob die Bürgermeistertochter mit einem Treffen einverstanden wäre. Während er las, legte sich Merkers Stirn in Falten, was Grete nervös machte. Um sich nichts anmerken zu lassen, hockte sie sich zu Barry und kraulte ihn hinter den Ohren. Im zweiten Brief offenbarte sich die von Grete erfundene Lenore Ferroni als Curt Preßlers Ehefrau und gab Grete Bescheid, dass sie sie gern in Chemnitz empfange.

»Dann hast du sie also getroffen, nehme ich an?«, fragte Merker forschend.

»Wie? Getroffen? Ja, ich habe sie in diesem Hotel getroffen. Das habe ich doch eben schon gesagt. Eine hübsche Frau, wirklich. Eben Italienerin mit fast schwarzen Augen, schwarzem Haar und Kreolenohrringen. Sie hatte auch ihren Rechtsbeistand dabei, der wohl gleichzeitig ein Detektiv ist, wie ich verstanden habe. Er war wie sie sehr elegant gekleidet und hatte ein markantes Gesicht mit tiefliegenden Augen und einer gebogenen Nase. Und einen Spitzbart hatte er. Die Frau Ferroni hat mir auch ihre Heiratsurkunde gezeigt. Sie war auf Italienisch, aber ich habe sie an den Namen Ferroni und Preßler erkannt«, erwiderte Grete und ließ von ihrem Bernhardiner ab, um sich wieder voll auf Hans Merker zu konzentrieren.

»Aha«, sagte dieser. »Für eine Italienerin kann sie ziemlich gutes Deutsch, wenn ich mir ihren Brief so angucke.«

»Ja, irgendein Verwandter war Deutscher, wie ich verstanden habe«, verstrickte sich Grete noch weiter in ihre Lügengeschichte, aber das war nun auch schon egal – sie hatte Hans eigentlich erst in ein paar Tagen von

Lenore Ferroni, ihren Briefen und dem Treffen erzählen wollen, doch es passte gerade so gut, nur hatte sie noch nicht alles bis ins Detail zu Ende gedacht und musste deswegen jetzt etwas improvisieren.

Unglücklicherweise war Merker diese Angelegenheit alles andere als gleichgültig, wie Grete noch nicht einmal eine Woche später erfahren sollte. Trotz der Briefe war der Handlungsgehilfe misstrauisch geblieben. Auch zweifelte er die Echtheit der Ferroni-Briefe an und glaubte, Grete hätte die ganze Geschichte nur erfunden, um ihn ruhig zu stellen und Preßler in Ruhe heiraten zu können. So überraschte Hans Merker sie am 19. März 1907 ein weiteres Mal. Er lotste die Bürgermeistertochter in sein Zimmer in der Bahnhofstraße. Dort stellte er sie nach einer kurzen wenig herzlichen Begrüßung zur Rede: »Lenore Ferroni gibt es nicht, du hast sie dir ausgedacht! Ich habe es sofort erkannt, als ich die Briefe gelesen habe. Sie waren ganz in deinem Stil abgefasst. Außerdem habe ich deine Schrift erkannt, obgleich du versucht hast, sie zu verstellen. Deswegen habe ich Nachforschungen betrieben, und was ist dabei wohl herausgekommen? Genau: nichts! Weil es keine Signora Ferroni verheiratete Preßler gibt. Ich war in Chemnitz. Im Centralhotel wohnte zu keiner Zeit eine Ferroni oder Preßler, und in den vielen Detekteien, die ich aufgesucht habe, kannte sie auch niemand. Selbst die Wirtin von deinem Curt konnte mir keine Auskunft geben, obgleich ich ihr angedeutet habe, dass ich für dich die Nachforschungen betreibe, weil ich dich liebe und wir bereits das Bett miteinander teilen – so, wie wir es auch bald als Ehemann und Ehefrau tun wollen.«

»Du warst bei Curt zu Hause?«, fragte Grete erschrocken.

»Und ob ich das war, aber du kannst beruhigt sein. Dein Herr Verlobter war nicht zugegen«, informierte Merker Grete von oben herab.

»Nenne ihn nicht so. Ich habe dir doch gesagt, die ganze Verlobung ist eine Farce, und Lenore Ferroni wird am Hochzeitstag dazwischentreten«, hielt Grete an ihrer Lüge fest. Und so ging die Diskussion zwischen den beiden noch eine Weile weiter. Ob Hans ihr am Ende nun doch glaubte, wusste Grete nicht, auf jeden Fall gab er irgendwann Ruhe, sodass sie zum lustvollen Teil ihrer Begegnung übergehen konnten.

*

»Dieser Herr Merker zieht Erkundigungen über mich ein und stellt Fragen, die mich in einem sehr schlechten Licht dastehen lassen. Und er erzählt herum, dass ihr euch liebt und heiraten werdet. Hast du eine Erklärung dafür?«, fragte Curt Preßler seine Braut in einem Ton, als erzähle er ihr von einer Sehenswürdigkeit, die er selbst für keine hielt.

Grete hatte gerade verträumt aus dem Fenster geschaut und obwohl sie mit einem Schlag alles andere als ihren Träumen nachhing und höchst alarmiert war, betrachtete sie weiter die Landschaft, sammelte sich und erwiderte in einem ähnlichen Ton wie zuvor der Oberingenieur: »Nein, überhaupt nicht. Du weißt doch selbst am besten, dass wir keinen Kontakt mehr haben. Ich habe keine Ahnung, warum er so etwas über sich und mich erzählt. Vielleicht aus verletzter Eitelkeit, dass du mich für dich gewonnen hast. Und was stellt er für Fragen über dich und wem?«

Sie waren mit dem Zug nach Leipzig unterwegs, wo sie die Mutter von Curt besuchen wollten, die sich dort momentan bei einer ihrer beiden Töchter aufhielt.

Auch Preßler, der Grete gegenübersaß, blickte jetzt aus dem Fenster: »Er stellt sie meiner Wirtin und wer weiß schon, wem sonst noch.«

»Und was sind das für Fragen, die er deiner Wirtin gestellt hat?«, wollte Grete wissen, froh, dass Preßler nicht weiter auf Merkers Aussage einging, dass der Handlungsgehilfe Grete heiraten würde. Sie riss sich von dem Anblick der vorüberziehenden Hügellandschaft los, wandte sich Preßler zu, beugte sich vor und legte als Zeichen ihrer Loyalität ihre Hände auf seine Knie. Ohne den Blick von den Feldern und Wäldern abzuwenden, legte Preßler seinerseits seine Hände auf die seiner Verlobten und berichtete ihr das, was sie bereits vor ein paar Tagen selbst von Merker erfahren hatte. Hier und da warf sie eine abfällige Bemerkung über Merker ein, und nachdem Preßler seinen kurzen Bericht beendet hatte, überzeugte Grete ihn schnell, dass Merkers Behauptungen grundlos und sein Benehmen verächtlich waren.

»Dennoch darf es nicht sein, dass dieser Mann herumgeht und böse Gerüchte über mich und auch über dich in die Welt setzt. Ich werde gegen ihn vorgehen«, kündigte Curt Preßler seiner Braut an.

»Aber Lieber, dann hat er ja bloß die Aufmerksamkeit, die er haben möchte. Du weißt, ich kenne ihn. Er will dich und mich auf diese Weise auseinanderbringen, einen Keil zwischen uns treiben. Werde nicht zu seinem Werkzeug, so wie er es geplant hat. Schau darüber hinweg. Schließlich heirate ich dich und nicht ihn«, entgegnete Grete dem Oberingenieur, der sich auf ihre Argumentation einließ.

»Nun gut, aber ich werde meinen Bruder bitten, sich mit diesem Mann in Verbindung zu setzen und sein Vorgehen zu hinterfragen. Ist er nicht auch schon einmal mit dem Gesetz in Konflikt geraten und wurde nur durch deinen Vater vor dem Gefängnis bewahrt? Deine Mutter deutete vor einiger Zeit so etwas an. Wie du weißt, ist mein Bruder Jurist in Dresden, das wird diesen Kerl schon einschüchtern«, legte Preßler Grete seinen Plan dar und ließ auch hier nicht mehr mit sich reden, obgleich Grete ihn davon abbringen wollte. Es wäre einfach viel zu riskant, Merker in irgendeiner Weise näher mit Preßler oder jemandem, der diesem nahestand, zusammenzubringen. Grete traute Merker alles zu, vor allem auch, dass er neben Fragen nach der erfundenen Lenore Ferroni auch ihre Abtreibung und Preßlers angebliche Rolle darin ins Spiel bringen würde. So schrieb sie, kaum in Leipzig angekommen, einen Brief an Merker, in dem sie ihn über Preßlers Vorhaben informierte und inständig bat, alles daran zu setzen, dessen Bruder auf keinen Fall in Dresden zu treffen. Da sie ahnte, dass er ihrer Bitte nicht einfach entsprechen würde, schrieb sie ihm weiter, dass sie es sich anders überlegt hatte und nicht auf die Ferroni und deren Auftritt an ihrem Hochzeitstag vertrauen wollte. Sie würde die Hochzeit schon vorher platzen lassen, indem sie ihrem Vater die Briefe der angeblichen

Ehefrau von Preßler zeigen würde, hierzu müsste sie jedoch einen günstigen Tag abwarten, da der Gesundheitszustand des Bürgermeisters nicht der Beste wäre. Tatsächlich fand Grete Gehör bei Merker und wusste in der Folge, ein Aufeinandertreffen mit Preßlers Bruder zu umgehen.

✳

Trotzdem Grete aus ihrer Sicht die Katastrophe gerade eben noch hatte abwenden können, hatte sie das Gefühl, ihr sei eine Schlinge um den Hals gelegt worden, die sich jederzeit enger ziehen könnte. War er es zuvor noch nicht gewesen, so war Preßler jetzt hellhörig geworden, was seinen Rivalen Hans Merker anging, und umgekehrt schien es Merker auch nur noch darum zu gehen, Grete, auf Teufel komm raus, Preßler zu entreißen. Grete ahnte, dass es lediglich eine Frage der Zeit war, bis sich beide Auge in Auge gegenübersaßen und alle ihre Lügen aufgedeckt werden würden. Dann hätte sie nichts mehr – keinen Geliebten, der es verstand, sie bis zur Besinnungslosigkeit zu verführen, und keinen Bräutigam, der ihr trotz allem eine angenehme Zukunft in Aussicht stellte. Einer von beiden musste ein für alle Mal aus ihrem Leben verschwinden, das wurde Grete jetzt endgültig klar. Die Entscheidung fiel wie bereits in der Vergangenheit auf Preßler, denn ihn machte nur sein Geld attraktiv und sonst nichts. Von Merker konnte sie nicht lassen, und das Finanzielle würde sich schon irgendwie regeln. Und selbst wenn nicht, sie konnte nicht anders, als sich für Hans zu entscheiden – ihm war sie schon lange verfallen oder sogar hörig, wie Berta es in ihrem ersten Brief, den sie aus Hamburg an Grete geschrieben hatte, genannt hatte. Die Freundin hatte außerdem geschrieben, dass Grete auf sich aufpassen sollte, und lud sie in ihre neue Heimat ein, doch Grete wollte nicht weg. Die Krankheit ihres Vaters machte ihr große Sorgen, und sie wollte zudem jede Gelegenheit nutzen, um Hans Merker zu sehen, der durch seine Arbeit in Dresden nicht mehr ständig verfügbar für die junge Frau war – Berta hatte schon recht, Grete war Hans verfallen.

Wie schon vor einigen Wochen machte Grete sich darüber Gedanken, auf welche Weise sie Preßler aus dem Weg räumen konnte. Um Mord käme sie nicht herum. Sie würde Preßler töten müssen. Das Problem war das Wie. Ihr fehlten nach wie vor die Mittel dazu. Andererseits hatte sie sich schon einmal einen Revolver besorgt, sie würde es auch ein zweites Mal schaffen und dieses Mal würde es sogar einfacher sein, sie musste nur auf den richtigen Augenblick warten!

Kurz vor dem Osterfest spielte Grete hierfür der Zufall in die Hand. Sie war im Rathaus im Büro ihres Vaters, um für ihn einige Dinge dort zu holen, da er aufgrund seiner stetig voranschreitenden Krankheit inzwischen ausschließlich von zu Hause aus seine Amtsgeschäfte führte. Sie hatte bereits einige Male einen Botengang für ihren Vater ins Rathaus unternommen – jedes Mal in Begleitung eines Wachmanns, da sie nicht ohne Aufsicht in das Amtszimmer des Bürgermeisters durfte. Dennoch ging der Wachmann an diesem Tag für einen Moment weg, da er von anderer Stelle um Hilfe gebeten worden war. Grete wusste, dass sich im Büro ein Schrank mit Waffen befand, die von Selbstmördern stammten. Alleingelassen suchte sie kurz entschlossen im Schreibtisch ihres Vaters nach dem Schlüssel, öffnete den Waffenschrank und nahm wahllos einen Revolver an sich, der jedoch nicht geladen war. Nach Patronen wollte sie nicht suchen, die würde sie sich anderweitig besorgen können, wenn sie sie erst benötigte. Schnell steckte sie die Waffe in ihre Handtasche, nahm die Akten mit, um die ihr Vater sie gebeten hatte, und verließ unbehelligt das Rathaus. Dann kam der Karfreitag. Curt Preßler war zu Besuch im Haus ihrer Eltern und Grete fühlte sich in ihrem Vorhaben mehr denn je bestärkt. Preßler war lehrmeisterhafter als je zuvor und wurde nun doch unangenehm zudringlich, sobald sie miteinander allein waren. Lag es daran, dass es im Gespräch war, die Hochzeit aufgrund des Gesundheitszustandes ihres Vaters zu verschieben? Hatte der Oberingenieur das Gefühl, lang genug auf seine ganz persönliche Brautgabe, wie er ihr wiederholt ins Ohr raunte, gewartet zu haben? Oder lag es am Alkohol, dem er an diesem Tag auffällig zusprach? Jedenfalls widerte ihr Bräutigam sie noch mehr als sonst an, aber sie konnte sich zusammenreißen, wusste sie doch, dass sie nur eine günstige Gelegenheit abwarten musste und er bald ihrem Lebensglück nicht mehr im Weg stehen würde. Darüber hinaus musste sie in diesem Jahr nicht das komplette Osterfest mit ihm verbringen, da er bereits am Abend wieder nach Chemnitz fuhr, um am nächsten Tag, dem 30. März 1907, in ihre gemeinsame Ehewohnung in der Henriettenstraße umzuziehen. Drei Tage später, am Dienstag nach Ostern, besuchte Grete wie ausgemacht ihren Bräutigam, um die dann von ihm schon etwas eingerichtete Wohnung anzuschauen und eventuell weitere Anschaffungen zu planen. Preßler hatte ein paar seiner alten Möbel mitgenommen, und die meisten von denen, die Grete vor einiger Zeit bestellt hatte, waren auch bereits angeliefert worden. So kam sie in eine nahezu fertige Wohnung, deren Herrin sie schon bald sein sollte. Als sie sie betrat, stellte sie zu ihrer Überraschung fest, dass Curt tatsächlich, so wie er ihr es versprochen hatte, bereits ordentlich auf- und eingeräumt hatte. Von Merker war sie Zuverlässigkeit in solchen Dingen nicht gewohnt und sie freute sich über das Verhalten von Curt. Sie ließ sich von ihm von Raum zu Raum führen, öffnete hier eine Schranktür, zog dort eine Schublade heraus, setzte sich auf Stühle und die neue Ottomane. Sie war richtig ausgelassen und begeistert von der schönen Wohnung, die bald ihre sein sollte. Erst als Curt ihr in der Küche einen schön geschnitzten Tisch zeigte und die Tischschublade aufzog, um ihr stolz deren Inhalt zu präsentieren, fiel Grete wieder ein, dass sie ja gar nicht vorhatte, hier einzuziehen. Sie wollte schließlich nie Frau Oberingenieur Preßler werden! Zwar war der Hochzeitstermin in der Zwischenzeit tatsächlich verschoben worden, weil sie warten wollten, bis es ihrem Vater besser ging, doch aufgeschoben war nicht aufgehoben. Das dachte Grete in dem Moment, in dem sie das kleine dunkelbraune Glasfläschchen mit dem Giftkreuz und dem Wort »Zyankali« darauf in der Schublade erblickte, in der Preßler ansonsten noch seine Fotoutensilien verstaut hatte. Obwohl sie nicht wusste, was Zyankali war, ahnte sie auf Grund des Kreuzes, dass es sich um Gift handelte.

Als Preßler sie kurz allein ließ, um im Wohnzimmer ein Fenster zu schließen, griff sie sich das Fläschchen und steckte es in ihre Rocktasche. Vielleicht würde es ja zu etwas gut sein, man konnte nie wissen.

Nach einem angenehmen Nachmittag mit ihrem Bräutigam, der ihr zu ihrer Erleichterung keinerlei Avancen gemacht hatte, die sie sonst wieder hätte abwehren müssen, kam Grete am Abend gut gelaunt nach Brand zurück. Dort zog sie neugierig Meyers Konversations-Lexikon zurate und schlug Zyankali nach. Bevor sie las, musste sie für einen Augenblick an ihre Liaison mit Fritz Oelzner denken und dass sie seinerzeit sein Vergissmeinnicht in diesem Lexikon gepresst hatte. Es war sicher noch darin, doch sie hatte keine Muße, nachzuschauen. Jetzt ging es um ihre Zukunft und nicht um Vergangenes. Der kurze Text zu Zyankali war interessant und ihr Herz klopfte aufgeregt, als sie das Lexikon zuschlug. Sie wusste nun, dass Zyankali ein sehr starkes, schnell wirkendes Gift war und sie es in Flüssigkeit auflösen musste, wenn sie wollte, dass die todbringenden Kristalle sich lösten. Sie erfuhr außerdem, dass Zyankali für das Fixieren von Fotoaufnahmen verwendet wurde, womit sich erklärte, warum der Oberingenieur, der gern fotografierte und seine Fotografien auch selbst entwickelte, das Fläschchen in seiner Schublade aufbewahrt hatte.

An diesem Abend ging Grete zufrieden mit sich ins Bett. Sie war ihrem Plan, Preßler endgültig aus ihrem Leben zu eliminieren, um einen erheblichen Schritt nähergekommen.

»*Geht ein verbrecherischer Zug durch die Familie des Bürgermeisters von Brand, ein Zug, der in der liebestollen Tochter zum verheerendsten Ausdruck kam? Der Plan zu einer so großen Zahl schauriger Verbrechen kann nicht in einem normalen Gehirn, in einer gesunden Seele entstehen.*«

(Berliner Tageblatt über Grete Beier
am 29. Juni 1908)

12. DIEBSTAHL
ENDE APRIL/ANFANG MAI 1907

»Ach Therese, ich weiß nicht mehr weiter«, jammerte Grete in der Küche von Therese Kunze. Sie war vorhin von der Beerdigung eines Onkels ihrer Mutter, dem Armenhausverwalter a. D. Anton Kröner, zurückgekommen und fast direkt zur Hebamme hinuntergegangen, weil sie weniger der Tod ihres Großonkels beschäftigte als vielmehr der Druck, den Hans Merker auf sie ausübte. Nachdem sie ihr kurz von der Beerdigung berichtet hatte, schüttete sie nun der älteren Frau ihr Herz über den Geliebten aus.

»Hans ist so böse geworden, als er den Verlobungsring an meinem Finger gesehen hat. Ich hatte mal wieder vergessen, ihn abzuziehen, bevor wir uns sehen, ich dumme Nuss. Dabei habe ich ihm doch vor einiger Zeit erklärt, dass ich ihn zumindest in der Öffentlichkeit tragen muss. Jetzt hat er mir ein Ultimatum gestellt: Wenn ich mich nicht bis Pfingsten offiziell entlobt habe, will er mich nicht mehr sehen. Nie wieder. Er hat sich zwar wieder beruhigt, aber trotzdem war es schrecklich. Immerhin hat er sich später entschuldigt. Er meinte, seine Nerven sind momentan auf das Äußerste gereizt, weil sein Geld vorn und hinten nicht reicht. Und ich habe auch nichts mehr, was ich ihm geben kann. Er wollte das erst nicht einsehen und hat

wieder damit angefangen damit zu drohen, an Preßler und meine Eltern heranzutreten und ihnen mit der
Abtreibung zu kommen, aber er hat mir bei unserem
Abschied versprochen, es zu lassen. Er war einigermaßen zufrieden, weil ich dann doch noch in meiner Börse
ein paar Münzen gefunden habe. Das Ultimatum, dass
ich Preßler bis Pfingsten loswerden muss, hat er aber
beibehalten. Therese, so kann das nicht weitergehen.
Weißt du Rat?«

Die Miene der Hebamme war bei Gretes Bericht von
Wort zu Wort nachdenklicher geworden.

»Nein«, sagte sie jetzt gedehnt, »allerdings gebe ich
dir recht, so kann das nicht weitergehen. Wie du weißt,
kommt Hans auch häufig zu mir und hält die Hand
auf, und auch meine Geldreserven sind inzwischen
erschöpft. Meinst du wirklich, er würde mit Preßler und
deinen Eltern sprechen oder sogar gleich zum Staatsanwalt gehen, wie er immer wieder droht?«

»Du weißt, dass ich ihn liebe und er mich auch, aber
leider traue ich es ihm dennoch zu. Die Schulden sind
ihm einfach über den Kopf gewachsen, und er ist zu
allem fähig, um sie wieder loszuwerden«, gab Grete
leise Antwort.

»Wie hoch sind seine Schulden?«, wollte Therese
Kunze wissen, und Grete nannte ihr die Summe, woraufhin die Hebamme einen ziemlich undamenhaften Pfiff
zwischen ihren Lippen entließ. Dann runzelte sie wieder
die Stirn und trank einen Schluck aus ihrer Kaffeetasse.
Nach einer Pause, in der beide Frauen ihren Gedanken nachhingen, sagte Therese Kunze vorsichtig: »Hast
du nicht eben gesagt, dass deine Mutter einen Schlüs-

sel verwahrt, der zu einer Geldkassette ihres verstorbenen Onkels gehört, die momentan noch bei jemand anderem ist? Demnächst soll aber wieder hin und her getauscht werden?«

»Ja, das ist fast richtig. Wir haben nach der Beerdigung alle zusammen in die Geldkassette hineingeguckt. Danach haben wir sie wieder verschlossen. Mutter hat den Schlüssel an sich genommen und ihn in ihre Börse gesteckt. Die Kassette ist noch bei Frau Wöhler, der Hauswirtin des Onkels. Morgen soll getauscht werden. Dann kommt die Kassette zu uns, und die Schwester von meinem Großonkel, die Schlegel, nimmt wiederum den Schlüssel zu sich. So kann sie nicht geöffnet werden, ohne dass die eine es von der anderen weiß. In der Kassette sind einige Sparbücher, Aktien und Pfandbriefe, 500 Goldmark, Schmuck, Urkunden und das Testament von meinem Großonkel. Ich erbe sogar auch etwas – 3.600 Mark. Das Geld ist aber angelegt, und ich werde es so schnell nicht bekommen. Sonst würde ich es sofort Hans geben, damit wir Ruhe vor ihm haben. Aber warum fragst du? Worauf willst du hinaus?«, hakte Grete nach.

»Kommst du an den Schlüssel heran?«, fragte die Hebamme statt einer Antwort zurück. Grete kam jetzt aber selber darauf: »Natürlich!«, rief sie, und in ihre Augen trat ein Glitzern: »Wir machen den Schlüssel nach, und wenn die Kassette hier bei uns ist, holen wir uns die Goldmünzen heraus. Niemand wird uns auf die Schliche kommen, weil es ja eigentlich gar nicht sein kann! Die Goldmünzen werden zwar für Hans nicht reichen, sind aber schon einmal ein ordentlicher Batzen! Therese, du bist grandios.«

»Besorg du mir den Schlüssel. Es muss aber jetzt gleich sein, damit ich schnell einen Abdruck machen lassen kann, bevor er morgen abgeholt und gegen die Kassette getauscht wird. Später und in aller Ruhe kann dann vom Abdruck der Nachschlüssel angefertigt werden, und bald lässt uns dein Hans mit seinen ewigen Geldforderungen in Ruhe«, sagte Therese Kunze plötzlich bester Laune, und dann hoben beide Frauen ihre Kaffeetassen hoch und stießen lachend damit an.

Noch am selben Abend übergab Grete der Hebamme den Schlüssel. Diese zögerte nicht lang und beschaffte einen Abdruck, sodass der Schlüssel wieder an seinem Platz lag, als er bereits am folgenden Nachmittag von Ida Beier und Frau Schlegel gegen die Kassette eingetauscht wurde. Gemeinsam und diesmal zusätzlich in Gegenwart des Bürgermeisters, wurde die Kassette noch einmal geöffnet, damit alle sich ein weiteres Mal von dem vollständigen Inhalt überzeugen konnten. Dann verschloss ihr Vater die Kassette abermals und händigte Frau Schlegel den Schlüssel aus. Kurze Zeit danach jubilierte Grete innerlich, als sie beobachten konnte, wie ihre Mutter die Kassette im Schlafzimmer des Vaters in dessen Nachtschrank stellte – hier würde sie in einem unbeobachteten Moment gut herankommen. Das war einfach alles zu schön, um wahr zu sein!

Am 1. Mai 1907 war es so weit. Ihre Mutter war mit Marie auf dem Markt, und der kranke Theodor Beier machte Toilette. Grete war bei ihm im Raum, doch für seine Toilette hatte er sich hinter den Paravent an seinen Waschtisch zurückgezogen. Den Nachschlüssel, den Therese Kunze bereits besorgt hatte, trug Grete in ihrer

Rocktasche bei sich und zog ihn nun heraus. Dann trat sie an das Nachtschränkchen heran. Zuvor hatte sie die Zimmertür einen Spalt geöffnet, damit sie besser hören konnte, wenn jemand kam.

Sie wusste, dass die Schublade des Nachtschränkchens quietschte. Deshalb zog sie sie in einem Ruck auf, sodass es nur ein kurzes lautes Geräusch gab, was sich ein bisschen so anhörte wie das Miauen eines verliebten Katers, dem sein Liebeslied jedoch abrupt in der Kehle stecken bleibt. Dennoch erklang prompt die Stimme des Vaters hinter dem Paravent hervor: »Gretel, was war das? Bist du an meinem Nachtschrank?«

»Ja, Vater, ich hole dir dein Medikament heraus, es ist wieder Zeit dafür«, gab Grete schlagfertig zurück.

»Ist es das? Ich dachte erst in einer Stunde?«, wunderte sich Theodor Beier, und Grete erwiderte ein schlichtes »Ach so«, mehr nicht. Dann war es wieder still im Raum.

Wie noch vor ein paar Tagen stand die Kassette in der Schublade. Grete beugte sich darüber und schloss sie mit dem Schlüssel auf und hob den Deckel an, ohne die Kassette herauszunehmen. Für einen Moment zögerte sie. Was, wenn ihr Diebstahl doch herauskommen sollte? Jeder der Beteiligten kannte den Inhalt der Kassette und würde beim Öffnen sofort bemerken, dass etwas fehlte. Andererseits würde sicher niemand sie, Grete, verdächtigen. Und davon einmal ganz abgesehen brauchte Grete jetzt Geld und nicht erst, wenn ihr Erbe, das sie heute schließlich nicht anrührte, ausgezahlt werden würde. Und eine andere Möglichkeit, für Hans an Geld zu gelangen, hatte sie im Moment nicht. Beherzt griff Grete nach diesen Überlegungen zu den Goldmünzen, wovon sie schnell 300 Mark in fünfzehn 20 Mark Stücken abzählte – die restlichen 200 Mark ließ sie liegen, sodass man denken könnte, es wären nie 500 gewesen, und die Erben hätten sich beim ersten Sichten der Kassette verzählt. Ihr Blick fiel auf eines der Sparbücher, und spontan nahm sie es heraus. Auch hier könnte sich jemand in der Anzahl geirrt haben, beruhigte sich Grete. Das Sparbuch war auf etwas über 4.000 Mark ausgestellt. Grete hätte vor Glück fast laut aufgelacht, konnte sich aber gerade eben noch beherrschen: Mit dieser Summe könnte Hans nicht nur seine Schulden begleichen, sondern sich darüber hinaus noch etwas Eigenes aufbauen. Das müsste er schließlich, wenn sie heiraten würden. Vielleicht ein schönes Miederwarengeschäft in Dresden. Das wäre etwas! Grete könnte darin mithelfen und abends im Schlafzimmer auch das eine oder andere Stück selbst tragen. Das würde Hans sicher gefallen. Bevor sie es sich anders überlegte, schloss Grete die Kassette wieder. Dann begann sie laut eines der Lieblingslieder ihres Vaters zu summen, damit der das Quietschen nicht hörte, während sie die Schublade wieder zuschob. Danach versteckte sie das Geld und das Sparbuch in ihrem mitgebrachten Arbeitskörbchen und wartete darauf, dass ihr Vater seine Toilette beendete. Später übergab sie ihr Diebesgut der Hebamme, damit diese es für sie aufbewahrte.

*

»Grete, mein Herzensgretel, du siehst nicht nur so aus, du bist ein Engel!«, konnte sich Hans Merker vor Freude gar nicht mehr einkriegen. Sie waren in seinem Zimmer in der Bahnhofstraße, und Grete hatte ihm knapp 4.300 Mark in die Hand gedrückt. Inzwischen lag das Geld verstreut auf dem Bett, wo Merker es ausgelegt hatte.

»Woher hast du mit einem Mal so viel Geld? Hast du eine Bank überfallen?«, fragte Merker fröhlich und drückte der für einen Moment über seine Worte, die der Wahrheit so nahe kamen, stutzenden, dann jedoch sofort wieder strahlenden Grete einen Kuss auf die Nasenspitze.

Genauso hatte sie es sich vorgestellt: Hans war glücklich. Und es war so einfach gewesen, ihn glücklich zu machen. Innerlich dankte sie dem Schicksal, das es scheinbar doch gut mit ihr meinte. Jetzt musste nur noch Preßler weg, und dann war alles perfekt.

»Es ist mein Geld, ich habe es von meinem Großonkel geerbt, und jetzt gehört es dir. Nun kannst du deine Schulden abbezahlen und hast noch ordentlich was übrig für den Start in unsere gemeinsame Zukunft«, sagte Grete und seufzte behaglich unter den zärtlichen Händen ihres Geliebten, die sie inzwischen liebkosten.

Sie war heute, am 2. Mai 1907, nur einen Tag nachdem sie die Münzen und das Sparbuch aus der Kassette entwendet hatte, bei der Bank in Freiberg gewesen, wo der Verstorbene gewohnt hatte. Die Freiberger Bank befand sich in der Hornstraße etwas abseits des Stadtzentrums nahe dem Donatsfriedhof, aber da Grete gern zu Fuß ging, war es kein Problem für sie gewesen, vom Bahnhof dort hinzukommen. Sie hätte auch eine Droschke nehmen können, doch die Ausgaben dafür hatte sie sparen wollen. Auch auf dem Rückweg hatte sie kein Droschkentaxi bestiegen, obwohl sie mit dem Geld in ihrer Tasche sich jede Menge davon hätte leisten können. Sie war jedoch zu beschwingt gewesen und hatte zu Fuß gehen wollen. Nach einem Abstecher ins Zentrum, wo sie in einem Kaufmannsladen eine Rechnung über 150 Mark ausglich, war sie zurück zum Bahnhof marschiert und wieder nach Brand gefahren. Dort hatte ihr Weg sie direkt zur Hebamme geführt, der sie ebenfalls 150 Mark übergeben hatte – diese Summe schuldete sie der älteren Frau, weil Grete sich immer, wenn sie selbst klamm war, bei ihr Geld geliehen hatte, um es Merker zu geben.

In der Bank war es ganz leicht gewesen. Grete hatte sich noch nicht einmal ausweisen müssen. Sie hatte einfach nur gesagt, sie sei die Nichte vom Kontoinhaber Anton Kröner und habe das Sparbuch von ihm geschenkt bekommen. Dass sie nur die Großnichte war, tat ja nichts zur Sache. Auf die Frage, wie viel Geld sie abheben wolle, hatte sie einfach »Alles« gesagt und dass sie das Sparbuch auflösen wolle. Im Anschluss hatte sie sich einen Moment gedulden müssen, da noch die Zinsen berechnet werden mussten. Die Minuten waren ihr zäh wie Rübensirup vorgekommen, und als der Bankbeamte mit ernstem Gesicht und dem Sparbuch in der Hand auf sie zutrat, hatte sie gedacht, sie sei entdeckt worden. Aus dieser Unsicherheit heraus hatte sie dem Mann ihr charmantestes Lächeln geschenkt, doch dessen hätte es nicht bedurft, er überreichte ihr arglos das entwertete Sparbuch sowie 4.234,49 Mark in bar. Dann war der für Grete hürdenreichste Teil gekommen: Die Bürgermeistertochter sollte den Erhalt des Geldes quittieren. Daran hatte Grete nicht gedacht, aber sie zauderte nur einen Moment, bevor sie mit *Erna Vogt geb. Kröner* unterschrieb, einer tatsächlichen Nichte des Verstorbenen, und darauf hoffte, noch immer keinen Ausweis vorzeigen zu müssen. Äußerlich gelassen, doch innerlich fast vor Nervosität platzend, hatte sie das Bankhaus verlassen, ohne sich ein einziges Mal ausweisen zu müssen.

»Dass ein junges, leidlich hübsches, gescheites und vergnügtes Mädchen besserer Herkunft Verbrechen auf Verbrechen häuft und schließlich einen Mord begeht, ist unerhört. Dass sie dabei ein Raffinement und eine Grausamkeit entwickelt, die dem abgefeimtesten schweren Jungen Ehre machen würden, ist vollends schwer auszudenken.«

(Hamburger Fremdenblatt über Grete Beier
am 01. Juli 1908)

13. PERFEKTE PLANUNG
10. BIS 13. MAI 1907

Obwohl der ursprüngliche Hochzeitstermin 14. Mai 1907 auf unbestimmte Zeit verschoben worden war – Theodor Beier ging es zusehends schlechter – schmiedete Grete ihre Mordpläne weiter. Sie wollte das Risiko nicht eingehen, dass es doch noch unerwartet zu einer schnellen Hochzeit kam, und zudem verlangte Hans nach wie vor von ihr, dass sie spätestens zu Pfingsten für immer frei für ihn wäre. Er hatte darauf bestanden und dabei gemeint, sie solle sich einfach ein für alle Mal von »diesem eingebildeten Fatzke Preßler« trennen, und dass sie dessen Geld schließlich nicht mehr bräuchten. Obgleich er es nicht aussprach, ahnte Grete, dass ihr Geliebter das nicht sagte, weil er nach dem Begleichen seiner Schulden noch so einiges von dem aufgelösten Sparbuch ihres verstorbenen Großonkels übrig hatte. Vielmehr war es so, dass jedermann in Brand schon seit Längerem hinter vorgehaltener Hand über den nahen Tod von Theodor Beier spekulierte. So hatte der kranke Bürgermeister bereits sein Amt niedergelegt und siechte tatsächlich nur mehr dahin. Grete tat das Gerede um den bevorstehenden Tod ihres Vaters weh, gab sie sich doch noch immer zumindest einen großen Teil der Schuld an seiner Krankheit. Ebenso tat ihr ihre Vermutung weh, dass Hans es auf ihr Erbe, welches nicht gering ausfallen würde, abgesehen hatte. Sie tröstete sich damit, dass er sie auch schon geliebt hatte, als ihr Vater noch gesund gewesen war. Es half, und vor allem hatte es sie schon vor einigen Wochen auf einen Gedanken gebracht, dem sie sofort nachgegangen war: Selbst wenn Hans sagte, sie bräuchten Preßlers Geld nicht mehr, es war da, und der Oberingenieur konnte nach seinem Tod sowieso nichts mehr damit anfangen. Seine Geschwister und seine Mutter hatten ausreichend Geld zur Verfügung, warum sollte Grete sich also nicht seine Hinterlassen-schaft aneignen? Es wäre auch so eine Art Schmerzens-geld, das ihr nach den beiden vergeudeten und scheuß-lichen Jahren mit Curt ihrer Meinung nach zustand, zumal es ihr sowieso gehört hätte, wenn sie ihn gehei-ratet hätte. Kurzerhand hatte Grete nach diesen Über-legungen bereits am 30. April 1907 unter dem Namen *Alexander Hermersdorf* eine Anfrage an die Redaktion des »Freiberger Anzeigers« gestellt. Darin hatte sie wis-sen wollen, ob ein Bräutigam seine Braut in einem pri-vat verfassten Testament zur Universalerbin einsetzen kann, und ob dies von einer Mutter und Geschwistern, die in guten Verhältnissen leben, anfechtbar sei. Bereits einen Tag später war in der Zeitung der Tipp erschienen, wie ein Bräutigam seine Braut zur Alleinerbin macht. Grete hatte sich die Antwort auf ihren Leserbrief aufge-hoben und zog ihn jetzt, zehn Tage später, aus der kleinen Schublade ihres Sekretärs hervor. Außerdem hatte sie sich eben das Buch von Amtsgerichtsrat Dr. Albanus aus dem Bücherregal im Arbeitszimmer ihres Vaters geholt und alles für sie Notwendige für das form-gerechte Aufsetzen eines Testaments nachgeschlagen.

Mit diesem Wissen schrieb sie nun mit der gefälschten Handschrift von Curt Preßler:

Chemnitz, d. 9.5.1907

Testament!

Zur Universalerbin meines gesamten Vermögens sowie sämtlicher Möbel, Betten, Wäsche, Wertsachen, Wein usw. ernenne ich meine Braut Marie Margarete Beier, des Bürgermeisters Beier in Brand Tochter. An meine Mutter und Geschwister richte ich die herzliche Bitte, auf alles, auch auf ein Pflichtteil, zu verzichten, da sie es nicht brauchen, meine Braut aber dadurch sehr geschädigt ist. Ich bereue nicht etwa, was ich getan habe, denn: »Lustig gelebt und selig gestorben, ist dem Teufel das Handwerk verdorben!«

Die Angaben meiner ersten Frau sind vollkommen richtig, sie hat jedoch und macht keinerlei Anspruch auf ein Erbteil, da sie schon ausgezahlt ist, ich habe angenommen, es kommt nie mehr raus, nun ist es eben gut. Dieses Testament ist von mir eigenhändig geschrieben und unterschrieben und somit vollständig rechtskräftig, denn ich befinde mich im Vollbesitz meiner geistigen Fähigkeiten. Lebt alle wohl und amüsiert euch noch recht gut auf der Welt, ich habe reichlich genossen! Es gibt ja doch nichts mehr nach dem Tode! Heinrich Moritz Curt Preßler, Oberingenieur.

P.S. Meine Braut mag mit den ganzen Sachen machen, was sie will, es soll ihr niemand drüber Vorschriften machen, auch mit dem Geld. Die Brillantennadel soll sie selbst tragen. Ich erteile ihr also das volle Verfügungsrecht über alles. Geld wird sie etwas über 15.000 M aus-

gezahlt erhalten und findet sich alles Weitere in mei-
nem Schreibtisch.

Unterschrieben von Heinrich Moritz Curt Preßler,
Oberingenieur.

In die Lebensversicherung hätte man mich doch nicht
aufgenommen, da ich ein sehr gefährliches Leiden an
mir habe, das unheilbar u. ansteckend ist.

Kaum war die Tinte auf dem ersten Papier getrocknet,
holte sie auch schon das nächste hervor. Diesmal schrieb
sie einen Brief – wieder mit verstellter Handschrift und
dabei einer, die sie mittlerweile recht gut beherrschte.
Zuoberst schrieb sie Chemnitz und das Datum 7. Mai
1907 hin und dann weiter:

Lieber Curt!

Hierdurch teile ich dir mit, dass ich wieder hier in
Chemnitz eingetroffen bin und dass ich von meinem
Rechte als deine rechtmäßige Frau Gebrauch machen
werde. Deiner armen Braut habe ich geschrieben, denn
man kann Betrug faktisch nicht mehr mit ansehen. Ich
soll nun sobald als möglich nach Brand kommen, will
mich aber, ehe ich einen bestimmten Tag festsetze mit dir
ins Einvernehmen setzen. Es ist eine reine Schande, die
Frau eines solchen Mannes zu sein. Ein Glück nur, dass
es niemand weiß. Du bist doch ein ganz erbärmlicher
Schuft. Wenn du nicht so bald als möglich nach Brand
fährst und die Wahrheit aussagst, so fahre ich sonnabends
noch hin und erzähle alles, auch von der Schlechtigkeit,
die du elender Schurke an meiner armen Schwester aus-
geübt hast. Ich kenne deine Braut noch nicht, aber ich

habe gehört, dass sie ein Engel an Güte und Liebe sein soll, und da ist sie mir für dich doch noch viel zu schade und ich will sie vor einem traurigen Los, einer Ehe mit dir, bewahren. Du hast auch geglaubt, ich bin so dumm und bleibe in Italien für immer, aber mein sauberer Freund, ich habe schon von Anfang an dich beobachten lassen und immer nur auf die Hochzeit gewartet, um dir endlich das Handwerk legen zu können. Also entscheide dich, ich bin nachmittags stets zu sprechen.

Deine Ehegattin Lenore Preßler geborene Ferroni.

Während Grete auch auf diesem Brief die Tinte trocknen ließ, schaute sie nach ihrem Vater, der jedoch in seinem Krankenbett rechtschaffen schlief. Erneut beschlich Grete ein schlechtes Gewissen. Hatte sie ihrem Vater in den letzten Jahren zu viel zugemutet? Gerade noch vor knapp einer Woche hatte sie ihren Eltern einen Brief von der angeblichen Ferroni gezeigt – sie musste diese schließlich auch langsam aber sicher auf den Selbstmord von Preßler vorbereiten. Sie hatte ihn vorher an sich selbst gerichtet und darin geschrieben, dass Signora Ferroni von der bevorstehenden Hochzeit der Bürgermeistertochter mit Oberingenieur Preßler gehört hätte und Grete diesbezüglich etwas Wichtiges mitzuteilen habe, wofür Grete doch nach Chemnitz kommen möge.

Ihren Eltern auf diese nebulöse Weise über das Vorhandensein einer angeblichen Signora Ferroni zu informieren, hatte zu Gretes Plan gehört. Es hatte sie auf Preßlers Selbstmord vorbereiten sollen, ohne jedoch preiszugeben, dass es sich um die Ehefrau von Curt handle. Schließlich sollten die Eltern Curt auf gar keinen Fall auf die von

Grete erfundene Frau ansprechen. So war es auch überhaupt nicht in Gretes Sinne gewesen, dass ihre Mutter Lenore Ferroni aus eigenem Antrieb einen Brief zurückgeschrieben hatte, in dem sie die Italienerin aufforderte, nach Brand zu kommen. Ida Beier hatte den Brief mit dem Namen ihrer Tochter unterzeichnet. Grete hatte den Brief gerade noch abfangen können, bevor das Dienstmädchen ihn zur Post trug. Ihrer Mutter wiederum hatte Grete erzählt, dass die Ferroni angerufen hatte, um zu sagen, dass sie noch vor Pfingsten nach Brand käme, sich dazu aber noch einmal melden würde. Als Grete jetzt daran dachte, musste sie unwillkürlich in sich hineingrinsen – viel besser als sie selbst war ihre Mutter nicht. Vielleicht hatte Grete ja das Fälschertalent von ihr?

Wieder einmal dankte die junge Frau ihrem Schicksal – es lief alles nach Plan, denn der Antwortbrief ihrer Mutter an Lenore Ferroni war das Zeichen dafür, dass ihre Eltern ihr die Existenz der Frau abgenommen hatten.

*

Gleich am nächsten Tag schrieb die junge Frau einen weiteren Brief im Namen von Lenore Ferroni. Inzwischen hatte sie die Person der Signora Ferroni so gut verinnerlicht, dass sie fast schon selbst daran glaubte, dass es die Italienerin wirklich gab. So musste es Schriftstellern gehen, die ihren Figuren Blatt für Blatt mehr Leben einhauchten und diese bald so genau kannten wie sich selbst, wussten, was ihre Figuren traurig machte, was sie liebten, was ihnen in der Vergangenheit widerfahren war und was ihnen die nahe Zukunft bringen würde.

Den Brief heute richtete sie wieder an sich selbst. Zwei Tage vordatiert mit dem 13. Mai 1907 – dem Tag, an dem Curt Preßler sterben sollte – informiert die Ferroni in ihrem Schreiben Grete darüber, dass sie die rechtmäßige Frau Preßler sei und wie es dazu kam. Als sie mit der Unterschrift *Lenore Ferroni verheiratete Preßler* endete, war Grete etwas wehmütig, sollte dies doch ihrer Planung gemäß das letzte Lebenszeichen von ihrer geschaffenen Figur Lenore Ferroni gewesen sein. Sie holte die Schriftstücke hervor, die sie am vorherigen Tag verfasst hatte, und legte sie zu dem neuen Brief. Dann nahm sie drei Umschläge, die sie bereits beschriftet hatte, steckte die jeweils dazugehörigen Papiere hinein und verschloss sie fest. Sie wog alle drei in ihrer Hand. Die beiden Briefe von Lenore Ferroni würden den Grund für Curts Selbstmord liefern, und das Testament, das man bei ihm finden sollte, würde das Übrige dazu tun. Keiner würde auf die Idee kommen, sie könnte auch nur irgendetwas mit Curts Tod zu tun haben. Dafür war sie in letzter Zeit vor aller Augen überaus nett zu ihm gewesen und hatte schließlich auch ihre zukünftige eheliche Wohnung mit eingerichtet.

Die Bürgermeistertochter war mit sich zufrieden. Spätestens ab übermorgen war sie eine trauernde Braut. Wie herrlich! Bevor Grete in einen schönen Tagtraum abdriftete, wie es wäre, endlich wieder frei von Curt Preßler zu sein und Hans mit ihrem Erbe beglücken zu können, raffte sie sich auf – vorher gab es noch ein paar Kleinigkeiten zu erledigen.

*

In der Nacht schlief Grete kaum. Weniger aus Skrupeln, sondern vielmehr vor Aufregung. Bald hatte sie ihr Leben wieder und war zudem vermögend. Dann konnte sie tun und lassen, was sie wollte, und musste niemanden mehr fragen. Einen würde Grete jedoch etwas fragen: Hans. Selbst wenn es sich nicht schickte, würde sie ihn fragen, ob er sie nun endlich heiraten wollte. Natürlich kannte sie die Antwort, es wäre zweifelsfrei ein Ja, sie hatten in den letzten Wochen und Monaten ausreichend über eine gemeinsame Zukunft gesprochen und sein Verhalten sprach darüber hinaus Bände. Und vor etwas über zwei Jahren hatte Hans sie zudem selbst gefragt, ob sie ihn heiraten wolle. Was war nur in den zwei Jahren alles passiert. Grete mochte nicht daran denken. Morgen war das gottlob alles vorbei. Sie hatte sich am Vormittag für den Revolver Patronen besorgt und ihn damit geladen. Daraufhin hatte sie Preßler am Nachmittag benachrichtigt, dass sie am nächsten Tag, dem 13. Mai 1907, am frühen Nachmittag in Chemnitz am Bahnhof eintreffen würde, um ihn zu sehen und ihrer bald gemeinsamen Wohnung einen Besuch abzustatten. Der Tag passte Grete gut und da sie wusste, dass Hans Merker auf einer militärischen Übung war, konnte der ihr keinen Strich durch die Rechnung machen und unerwartet in Brand aufkreuzen. Nachdem sie also an Preßler ein Telegramm abgesetzt hatte, hatte sie ihre Freundin Gertrud Gersten, die in Freiberg wohnte, angerufen und für den nächsten Tag einladen lassen.

Von ihrer Verabredung mit Curt Preßler erzählte sie niemandem etwas, von Gertrud Gerstens Einladung hingegen jedem, der ihr über den Weg lief. Schließlich sollte Gertrud ihr Alibi sein, falls doch jemand aus unerklärlichen Gründen bohrende Fragen zum Tod von Curt stellen sollte.

⁕

Sie nahm den Zug um 12:31 Uhr in Brand und stieg kurze Zeit später in Freiberg wieder aus. In ihrer Handtasche befanden sich neben ihren üblichen Dingen Curts Testament, der Brief von Lenore Ferroni an ihn, das Gift aus seiner Tischlade und der inzwischen geladene Revolver aus dem Amtszimmer ihres Vaters im Brandner Rathaus. Noch wusste Grete nicht, ob sie Gift und Revolver tatsächlich zum Einsatz bringen würde. Vielleicht fehlte ihr später, von Angesicht zu Angesicht, der Mut? Oder auch eine Gelegenheit. So sehr sie den Oberingenieur auch hasste, so hatte sie sich vorgenommen, dass er nicht leiden sollte. Im Grunde sollte er gar nicht bemerken, dass er starb. Darum das Zyankali. Denn den Revolver einfach auf ihn richten und schießen, ging nicht. Zum einen könnte Curt ihn ihr vorher entwinden – er war größer und viel kräftiger als sie. Und falls sie es doch schaffen würde, auf ihn zu schießen, wäre sofort zu sehen, dass er getötet wurde und nicht selbst Hand an sich gelegt hatte.

In Freiberg angekommen ging die Bürgermeistertochter mit ihrer ungewohnt schweren Handtasche direkt zu ihrer Putzmacherin, um einen Hut in Auftrag zu geben und neben ihrem Besuch bei Gertrud Gersten, zu der sie später am Tag tatsächlich noch gehen würde, einen weiteren Grund gegenüber ihrer Mutter zu haben, heute bereits früh nach Freiberg gefahren zu sein. Um 13:45 Uhr saß sie, ohne dass es jemand wusste, bereits wieder im Zug nach Chemnitz, wo Grete um 14:52 eintraf. Ohne ihr zu sagen, wofür, hatte sie sich das Geld für die Fahrkarte von Therese Kunze borgen müssen, da sie selbst momentan keines zur Verfügung hatte und ihre Mutter ihr nur die Fahrt nach Freiberg bezahlt hatte. Als sie aus dem Zug stieg, erwartete ihr Bräutigam sie am Bahnsteig mit einem Kuchenpaket. Er hatte sich extra für den Nachmittag frei genommen und war hochbeglückt über den Besuch seiner Braut, hatten sie sich doch gerade in der letzten Zeit ganz gut verstanden. Entsprechend fiel seine Begrüßung aus. Er umarmte Grete herzlich und hielt sie länger als gewohnt an seine Brust gedrückt. Grete musste schlucken – wenn er wüsste, was sie in ihrer Tasche mit sich führte, wäre er sicherlich auf Abstand gegangen. Auf ihrem Weg in die Henriettenstraße brachte die junge Frau kaum ein Wort heraus, dafür sparte Preßler nicht mit Andeutungen, wie er sich ihr Eheleben im Schlafzimmer vorstellte, was Grete in ihrem Vorhaben nur bestärkte. So wandte sie sich ab, als ihnen im Treppenhaus eine Nachbarin entgegenkam, und grüßte nicht. Sie hoffte, die Frau würde sie nicht erkennen und denken, Curt hätte anderweitigen Damenbesuch. In Gretes Kopf arbeitete es, dann erhellte sich ihre Miene: Sollte die Begegnung später doch zur Sprache kommen, würde Grete einfach die Vermutung äußern, dass dies die Signora Ferroni gewesen sein könnte.

In der Wohnung angekommen nahm der Oberingenieur ihr den Mantel ab und strich dabei wie zufällig über ihre Brüste. Was war nur heute mit ihm los? In der Regel wusste Curt sich zu benehmen. Lag es daran, dass sie hier allein in ihrer künftigen gemeinsamen Wohnung waren? Machte ihn das mutig? Oder hatte ihre Besuchsankündigung, die sie überaus reizend formuliert hatte, bei ihm Fantasien ausgelöst, die er bisher unterdrücken konnte?

»Willst du mir nicht rasch die Wohnung zeigen? Hat sich etwas verändert? Nun lebst du ja bereits ein paar Tage hier. Sind weitere Möbel eingetroffen?«, fragte Grete schnell und brachte mit ein paar Schritten Distanz zwischen sich und Curt.

»Ja, schau dich nur um«, antwortete dieser aufgeräumt. »Mir ist gerade eingefallen, dass ich die Sahne zum Kaffee vergessen habe. Ich will sie schnell holen und bin gleich wieder da, meine Schöne mit dem Engelsgesicht, aber vorher gib mir noch einen Kuss.«

Grete lächelte verkniffen, trat auf ihren Bräutigam zu, spitzte die Lippen und drückte ihm einen schnellen Kuss auf. Aber später, nachdem sie Kaffee getrunken und Kuchen gegessen hatten, widerte sie der Mann, der ihr gegenüber zusehends dreister wurde, immer mehr an. Inzwischen hatte er sich auf der neuen Ottomane niedergelassen, und seine überhebliche Art erinnerte Grete dabei an einen römischen Kaiser. Wie selbstherrlich er doch war. Und dann hatte er eben auch noch in so unverschämter Weise über ihren kranken Vater gesprochen. Das war zu viel für Grete gewesen. Sie war noch immer wütend und musste an sich halten, um sich nichts anmerken zu lassen. Jetzt stand er von der Ottomane auf. Wollte er sie etwa an sich reißen oder womöglich auf die Ottomane zerren, wie er es eben schon vorgehabt hatte? Da hatte sie sich ihm entziehen können, aber würde sie es ein weiteres Mal schaffen? Zu Gretes Erleichterung ging Curt Preßler an ihr vorbei zum Vertiko, öffnete die Schranktüren und holte mit der einen Hand zwei kleine Gläser hervor. Mit der anderen Hand griff er eine noch ungeöffnete Flasche Eierlikör und schwenkte sie vor ihren Augen.

»Vielleicht macht dich das ja etwas lockerer und stimmt dich um«, lachte er jetzt siegessicher, und Grete musste sich zusammenreißen, um sich nicht vor Abscheu zu schütteln. Sie hasste diesen Mann. Hoffentlich würde sich demnächst eine Gelegenheit finden, um ihn ein für allemal ruhig zu stellen, denn lange würde sie nicht mehr gute Miene zum bösen Spiel machen können.

»Schenk uns schon einmal etwas ein, ich bin gleich wieder da«, sagte er jetzt, als hätte er ihre Gedanken gelesen, während er alles auf den Tisch stellte, an dem sie eben noch gemeinsam Kaffee getrunken hatten. Dann ging er zur Wohnungstür hinaus zum Abort, der sich auf halber Treppe im Hausflur befand, und sie nutzte die Gunst der Stunde, um ihre Vorbereitungen zu treffen. Keine 15 Minuten später war Curt Preßler tot.

»(...) *Während Grete Beier in Untersuchungshaft saß,*
wurde ein Verbrechen nach dem anderen aufgedeckt.
Verbrechen, die sie ebenso kaltlächelnd begangen hatte,
wie sie ruhig und ohne zu zucken mit dem gefälschten
Testament über die Leiche des erschossenen Bräutigams
geschritten war. Man blickt in einen Pfuhl von Verbre-
chen: schwerer Diebstahl, Urkundenfälschung, Abtrei-
bung, Anstiftung zum Morde und zuletzt Mord selbst.
Kann ein einziges Weib, kann ein mündig gewordenes
Mädchen, dessen Gesichtskreis nicht über die engere
sächsische Heimat hinausging, so viele Verbrechen auf
seine Schultern laden?«

(Berliner Tageblatt über Grete Beier

am 29. Juni 1908)

EPILOG
23. JULI 1908

Punkt 06:30 Uhr betrat die 22-Jährige den Hof. Sie hatte die Hände locker vor ihrem Bauch gefaltet und schritt langsam, aber doch fest voran. Warum sollte sie auch zögern? Was gleich kommen würde, lag nicht mehr in ihrer Hand und war unabwendbar. Sie trug ein schwarzes Kleid, wobei der Ausschnitt, der Hals und Nacken freiließ, mit einem gefältelten Besatz eingefasst war. Wie immer hatte sie auch heute das Haar hochgesteckt.

Vor Grete ging der Arresthausinspektor und hinter ihr ein Aufseher. Zu ihrer Linken hatte sich der Gefängnisgeistliche und zu ihrer Rechten ihr Verteidiger, Rechtsanwalt Dr. Knoll aus Dresden, eingefunden. Der Mann tat ihr leid. Er hatte sich so viel Mühe mit ihr gegeben, und nun musste er sie doch auf ihrem letzten Weg im Hof des Landgerichts am Albertpark in Freiberg begleiten. Gern hätte sie noch einmal das Wort an ihn gerichtet, doch es war alles gesagt, und so blieb sie stumm.

Da sie nicht neben sich blickte, fühlte sie mehr die knapp 200 Augenpaare auf sich gerichtet, als dass sie sie sah. Die Zuschauer standen und saßen an den Seiten, sie bildeten sozusagen ein breites Spalier für sie und verschwammen in ihren Augenwinkel zu zwei bebenden Massen – eine rechts und eine links. Sie wusste, dass es ausschließlich Männer waren, die sich hier eingefunden hatten. Frauen waren nicht zugelassen, aber wenn doch, wären sie sicher auch heute früh extra für sie, die Bürgermeistertochter Grete Beier, aufgestanden. Wie merkwürdig doch die Menschen waren: Erst regten sie sich wegen eines aus persönlichen Gründen notwendigen Mordes auf, und dann wiederum schauten sie alle zusammen einem weiteren mit Begeisterung zu. Grete musste an Hans denken. Sie fragte sich, ob er sich auch über seine Quellen eine Karte für das kurze Spektakel, das es gleich geben würde und dessen Hauptakteurin sie war, geholt hätte, wenn er nicht selbst wegen Hehlerei und Unterschlagung im Gefängnis säße. Ob er überhaupt wusste, was gleich mit ihr geschehen würde? Vielleicht hatte es ihm niemand gesagt! Jeglichen Kontakt zu ihm hatte man strengstens unterbunden. Zu Beginn ihrer Haft hatten sie sich noch geheime Briefchen geschrieben, doch nachdem der Aufseher einen ihrer Kassiber gefunden hatte, war auch das vorbei gewesen. Mit dem Gedanken an Johannes Merker wurde sie auch daran erinnert, wie sie überhaupt hier gelandet war. Letztlich waren es seine dummen Schulden gewesen. Nur weil Merker sie und Therese Kunze wegen der Abtreibung zunehmend unter Druck gesetzt und immer mehr Geld verlangt hatte, hatte sie sich an dem Sparbuch aus dem Nachlass von Anton Kröner vergriffen und war deswegen am 27. Juni 1907 in Untersuchungshaft gekommen – genau einen Monat, nachdem Anzeige gegen Unbekannt erstattet worden war. Denn als die Kassette Ende Mai 1907 geöffnet und der Diebstahl der Goldmünzen und des Sparbuchs entdeckt worden war, hatte niemand Grete unter Verdacht gehabt. Das war erst der Fall gewesen, nachdem die Polizei Nachforschungen bei der Bank unternommen hatte. Grete hatte zu Beginn noch versucht, den Diebstahl Frau Schlegel in die Schuhe zu schieben. Zur Sicherheit hatte sie darüber hinaus Merker durch eine in hinausgehende Wäsche eingenähte Nachricht aus der Untersuchungshaft heraus gebeten, die Schlegel zu töten, damit diese niemanden von ihrer Unschuld überzeugen konnte. In der Nachricht hatte Grete genau beschrieben, wie Hans vorgehen sollte. Er sollte sich verkleiden und die Haare schwarz färben, damit er nicht erkannt werden konnte, wenn er die Frau aufsuchte. In deren Haus sollte er die Frau narkotisieren und sie dann auf eine Art umbringen, die auf Selbstmord schließen ließ. Außerdem sollte er einen Brief fälschen und im Haus der Toten liegen lassen, in dem diese zugab, Grete dazu angestiftet zu haben, das Geld und Sparbuch aus der Kassette zu entwenden. Bei Curt hatte dieses Vorgehen – der fingierte Selbstmord und auch die Fälschung eines Schriftstücks – funktioniert und Grete war sich sicher gewesen, dass es auch bei der Schlegel gut gehen würde, doch der Plan ging schief. Zum einen, weil Merker ihn nicht umsetzte und zum anderen, da genau dieser belastende Kassiber am 10. September 1907 von der Polizei entdeckt worden war. Auch Merker war daraufhin festgenommen worden, und so hatte alles seinen Lauf genommen.

Erst ein paar Tage zuvor, am 7. September 1907, war gegen Grete eine weitere Ermittlung eingeleitete worden – im allgemeinen Stadtgespräch über die inhaftierte Bürgermeistertochter war auch immer wieder das Delikt der Abtreibung genannt worden und einmal angebissen, verfolgte die Polizei nun auch diesen Gesetzesbruch Gretes. Erst im Zuge dieser beiden Ermittlungen – Sparbuchdiebstahl und Abtreibung – hatte die Polizei ihre und auch Merkers Privatsachen, die dieser unter anderem auch in Dresden hatte, durchsucht, und war schnell zu dem Ergebnis gekommen, dass Curt Preßler doch nicht durch eigene Hand gestorben war. Dass Merker dann noch recht redselig gegenüber der Polizei gewesen war und die Briefe, die sie ihm geschrieben und die Polizei zuvor nicht gefunden hatte, aushändigte, hatte allem den Rest gegeben. Dennoch hatte sie ihre ganze Schuld erst eingestanden, nachdem sie erfahren hatte, dass ihr Vater am 26. August des Jahres seinem Krebsleiden erlegen war.

Ihm hatte sie die Schande, eine Mörderin zur Tochter zu haben, ersparen wollen. Nach seinem Tod war es ihr dann gleichgültig gewesen – die Zukunft, die sie sich einst ausgemalt hatte, hatte sie sowieso verspielt. Dabei war Gretes Plan zu Beginn perfekt aufgegangen. Merker hatte mit dem Geld des verstorbenen Großonkels seine Schulden zurückzahlen können und der Amtsarzt hatte Curt Preßlers Selbstmord festgestellt. Curts Angehörige hatten sich nicht gegen seinen, von Grete verfassten, Letzten Willen gestellt, und schon drei Tage nach seinem überraschenden Tod war er eingeäschert worden.

Gretes Gedanken wanderten zu ihren Prozessen. Sie war am 4. und 5. Juni 1908 von der Strafkammer I des Königlichen Landgerichts Freiberg in Sachsen zu einem Jahr Gefängnis wegen Abtreibung sowie zu fünf

Jahren Zuchthaus und achtjährigem Ehrenrechtsverlust wegen schweren Diebstahls, einer einfachen und einer schweren Urkundenfälschung und zudem wegen erfolgloser Aufforderung zur Begehung eines Verbrechens verurteilt worden. Des Weiteren war sie am 29. Juni 1908 vom Schwurgericht zu Freiberg wegen Urkundenfälschung unter Einbeziehung der ihr durch die vorherigen Urteile zu einer Gesamtstrafe von acht Jahren Zuchthaus sowie wegen Mordes zum Tod und zum dauerhaften Verlust der bürgerlichen Ehrenrechte verurteilt worden. Ein Gnadengesuch war vom König von Sachsen abgelehnt worden, und gleich sollte das Todesurteil vollstreckt werden. Als der Staatsanwalt Dr. Mannl ihr diese endgültige Nachricht vorgestern überbracht hatte, hatte sie sich zusammengerissen und war äußerlich ruhig geblieben, obwohl ihr Innerstes aus Angst vor dem nahen Tod so wie jetzt auch bebte. Andererseits hatte sie damit gerechnet, da sich in den letzten Monaten alles gegen sie verschworen zu haben schien.

Sie hatte dann darum gebeten, mit ihrem Anwalt sprechen zu dürfen und als der kurz darauf gekommen war, als hätte er nur auf ihren Ruf gewartet, hatte sie ihren Nachlass mit ihm geregelt. Viel galt es nicht zu verteilen. Der Gefängnisgeistliche war ebenfalls zu ihr gekommen.

Gestern hatte man noch ihre Mutter zu ihr gelassen. Sie hatten sie aus dem Zuchthaus Waldheim hergebracht. Dort saß die Mutter wegen versuchter Verleitung zum Meineid zu zwei Jahren Zuchthaus ein – um Grete zu schützen, hatte sie in der Kröner'schen Erbangelegenheit falsch ausgesagt. Neben ihrem Geliebten Hans und ihrer Mutter waren auch Therese Kunze und die Witwe

Kamlott verurteilt worden: Therese wegen der Abtreibung sowie Beihilfe zum Diebstahl, und die Kamlott wegen Kuppelei. Die Arme, nur weil sie es zugelassen hatte, dass zwei Menschen, die sich lieben, zueinander kamen. Was wohl jetzt aus ihren Kindern werden würde? Ihrer eigenen Mutter hatte sie beim Gespräch in der Zelle noch einmal versucht, alles zu erklären. Ganz ohne Schuldzuweisung, wobei sie ihr schon gesagt hatte, dass sie gern öfter einmal einfach nur von ihr in den Arm genommen worden wäre. Daraufhin hatte die Mutter sie eng an sich gezogen, und sie hatten geschwiegen.

Jetzt blieben der Arresthausinspektor und mit ihm Grete und ihr kleines Gefolge stehen. Dann traten alle bis auf die junge Frau an die Seite. Sie richtete ihren Blick auf die Männer vor ihr, die Richter, den Staatsanwalt Dr. Mannl sowie den Landesscharfrichter und seine beiden Gehilfen. Grete wusste, dass ihr Henker denselben Namen trug wie ihre Heimatstadt, und wenn die Situation eine andere gewesen wäre, hätte sie sicher darüber gelacht. Als Dr. Mannl vortrat, wurde es still auf dem Landgerichtshof. Noch nicht einmal ein Vogel sang, während er sprach: »Marie Margarete Beier aus Erbisdorf ist vom Landgericht Freiberg wegen Mordes zum Tode verurteilt worden. Das Urteil ist rechtskräftig geworden. Seine Majestät der König hat sich nicht veranlasst gefühlt, von seinem Begnadigungsrecht Gebrauch zu machen. Das Urteil ist daher zu vollziehen. Herr Landesscharfrichter Brandt, ich übergebe Ihnen die Delinquentin. Walten Sie Ihres Amtes.«

Schicksalsergeben schritt Grete Beier erhobenen Hauptes an das Schafott heran und die fünf Stufen hinauf. Dann trat sie, geleitet von ihrem Henker und seinen Gehilfen, an das Richtbrett, das eigens ihrer kleinen Statur angepasst worden war. Geübt schlossen die Gehilfen dessen Schnallen hinter Gretes Rücken und kippten das Brett mitsamt ihrem Körper in die Horizontale. In diesem Moment rief Grete kaum hörbar: »Vater, Vater«, doch schon schloss sich der Ring um ihren bloßen Hals, und das Fallbeil sauste herunter, um ihren Kopf glatt vom Rumpf zu trennen. Es war 06:33 Uhr.

Grete Beier war die letzte Frau, die im Königreich Sachsen öffentlich hingerichtet wurde. Der mit Blumen geschmückte Wagen, in dem ihre Leiche in einem Sarg lag, verließ um 09:30 Uhr den Freiberger Gerichtshof in Richtung Dresden. Marie Margarete Beier wurde neben ihrem Vater auf dem Johannisfriedhof in Dresden-Tolkewitz beigesetzt – Abt. A Flügel 9 Reihe 10 Doppelgrab 32/33.

PERSONENVERZEICHNIS

Barry, Gretes Bernhardiner, den sie zu ihrem 21. Geburtstag von ihrem Vater geschenkt bekommen hat.

Ida Karoline Beier, geborene Clausnitzer, Gretes Mutter, war die Tochter eines Schuhmachermeisters. Sie lernte bei ihrer Mutter Damenschneiderin und schneiderte auch später als verheiratete Frau noch viel selbst. Sie war bekannt dafür, die Geschicke ihrer Familie aus dem Hintergrund heraus zu steuern. So war sie die treibende Kraft gewesen, dass Theodor Beier Bürgermeister wurde, und auch im Leben ihrer Tochter war sie diejenige, die auf der Heirat mit dem vermögenden Curt Preßler beharrte.

Marie Margarete Beier, genannt Grete, geboren am 15. September 1885 in Erbisdorf, gestorben am 23. Juli 1908 in Freiberg durch die Guillotine, war die letzte Frau, die im Königreich Sachsen öffentlich hingerichtet wurde, da sie ihren Bräutigam Curt Preßler ermordet hatte. Ihr Elternhaus, das ihr Vater 1897 gekauft hatte und in dem sie die kurze Zeit ihres Lebens über wohnte, stand in der Friedrichstraße 164B, die jedoch nach dem ersten Weltkrieg in August-Bebel-Straße unbenannt wurde. Das Beiersche Haus trug nun die Nummer 15.

Inzwischen (2016) ist das Haus abgerissen, und das Grundstück dient als Schotterparkplatz.

Theodor Beier, Gretes Vater, der Bürgermeister von Brand, geboren in Berthelsdorf, gestorben am 20. August 1907 an Darm- und Leberkrebs in einem Krankenhaus in Dresden. Bereits mit zehn Jahren hat er im Bergwerk und in der kleinen Landwirtschaft des Vaters mitgearbeitet. Später besuchte er erfolgreich die Bergschule. Zur Zeit seiner Hochzeit am 02. März 1885 war er Steiger im Bergwerk. Mit der Unterstützung seiner jungen Ehefrau eignete er sich Wissen im Rechnungswesen an und wurde zunächst Stadt- und Schulkassierer. Bald darauf bekam Beier eine Stelle in der Sparkasse und wurde schließlich Bürgermeister (1. September 1898 bis ca. März/April 1907). Bürgermeister Beier war bekannt dafür, dass er auch gern außereheliche Beziehungen pflegte.

Cora, die Königspudelhündin der Nachbarn der Familie Beier, die Grete öfter einmal spazieren führt. Cora ist von der Autorin erdacht, um Gretes Neigung zu Tieren zu zeigen.

Emma Drinkuth, eine Freundin Gretes, die von der Autorin für diesen Roman erdacht wurde.

Gertrud Gersten, eine Freundin Gretes, die aus einer wohlhabenden Kaufmannsfamilie stammt und mit dieser in Freiberg lebt.

Der alte Grothe, ein weiterer Nachbar der Familie Beier, der von der Autorin für diesen Roman erdacht wurde.

Dr. Häbich, Arzt in Brand. Er rät Gretes Eltern von der Heirat ihrer Tochter mit Curt Preßler ab, da die bevorstehende Ehe seiner Meinung nach Grete aufs Gemüt schlägt.

Maria Therese Kunze, geborene Sandig, Hebamme, geboren am 15. Oktober 1845 in Erbisdorf war in erster Ehe mit dem Steiger Gustav Böttcher und in zweiter mit dem Bergmann Gustav Kunze verheiratet, der jedoch verstarb und sie zur Witwe machte. Sie gebar mehrere Kinder, von denen sechs das Erwachsenenalter erlebten. Nicht unvermögend, bewohnt Therese Kunze als Untermieterin die Parterrewohnung im Hause Beier in der zuvor, bis zu ihrem Tod, Gretes Großmutter mütterlicherseits gelebt hat. Therese Kunze unterstützt Grete bei ihren Heimlichkeiten und hilft ihr beispielsweise, dass Merker ins Haus kann, um Grete nachts in ihrem Mansardenstübchen aufzusuchen. Sie nimmt an Grete außerdem eine Abtreibung vor. Im Zuge der Prozesse gegen Grete Beier wurde sie wegen gemeinschaftlicher Kuppelei mit der Witwe Kamlott zu acht Monaten Gefängnis und drei Jahren Ehrenrechtsverlust sowie wegen Abtreibung zu einem weiteren Jahr Gefängnis verurteilt.

Auguste Kamlott, Frau des verstorbenen Böttchers Kamlott mit dem sie 16 Kinder hatte, gehörten in der Bahnhofstraße die Häuser Nummer 5 und 7, in einem davon vermietete sie ein Zimmer an Hans Merker. Sie wurde zu Gefängnis wegen Kuppelei verurteilt, weil sie Grete Beiers Besuche bei Hans Merker duldete.

Marie Kircheis, Dienstmädchen im Bürgermeisterhaus Beier.

Dr. Knoll, Rechtsanwalt aus Dresden und Grete Beiers Verteidiger. Ihre Mutter, die er zuvor in deren Prozeß verteidigt hatte, hatte ihn für sich und ihre Tochter engagiert. Knoll wurde durch die Prozesse um Grete Beier bekannt.

Anton Kröner, Armenhausverwalter a.D., Gretes Großonkel. Er verstarb im April 1907. Grete entwendete aus seiner Hinterlassenschaft 300 Goldmark sowie ein Sparbuch über zirka 4.000 Mark, welches sie zu ihren Gunsten durch Unterschriftenfälschung auflöste.

Dr. Mannl, Staatsanwalt in allen drei Prozessen gegen Grete Beier.

Pauline Mansfelder, eine Freundin Gretes, die von der Autorin für diesen Roman erdacht wurde.

Johannes Heinrich Merker, genannt Hans, geboren am 26. Dezember 1881 in Meißen als Sohn von Heinrich Bernhard Merker, der ein Lebensmittelgeschäft betrieb, und Anna Ernestine Merker, geborene Demmler. Von Beruf Handlungsgehilfe war er der Geliebte von Grete Beier, dem sie regelmäßig Geld zusteckte, da er ständig über seine Verhältnisse lebte. Man kann wohl annehmen, dass Grete Beier Johannes Merker hörig war. Nach seinem Gefängnisaufenthalt verliert sich seine Spur. Aufgrund eines Kassibers, den er Grete noch in Untersuchungshaft geschrieben hatte, kann gefolgert werden, dass er nach dem Absitzen seiner Strafe ins Ausland gegangen ist.

Fritz Oelzner hat Grete Beier in der Tanzstunde kennengelernt. Die beiden pflegten zunächst eine platonische Freundschaft, die von den Eltern geduldet wurde. Als das Verhältnis enger wurde und die beiden jungen Leuten sich ineinander verliebten, sah Gretes Mutter die Beziehung nicht mehr gern und untersagte sie. Sie hielt Oelzner, der zwar aus einer standesgemäßen Kaufmannsfamilie kam, wo die Geschäfte jedoch nicht gut liefen, für eine schlechte Partie. So trafen sich die jungen Menschen heimlich, und über kurz oder lang wurde aus der platonischen auch eine körperliche Beziehung, die Grete später unter einem Vorwand beendete.

Heinrich Moritz Curt Preßler, Gretes Bräutigam, geboren 4. August 1871 in Löbau als Sohn des Finanzrats Karl Paul Preßler und der Elise Marie Preßler, geborene Koch. Gestorben ist Preßler am 13. Mai 1907 durch die Hand seiner Braut Grete Beier, die ihn in seiner Wohnung in Chemnitz mit Zyankali vergiftete. Nur drei Tage später, am 16. Mai 1907 ist der beim Sächsischen Dampfkessel-Revisionsverein angestellt gewesene Oberingenieur eingeäschert worden.

Frau Schlegel, Schwester des Erbonkels Anton Kröner. Ihr wollte Grete Beier ihren Diebstahl an Kröners Hinterlassenschaft in die Schuhe schieben: Da Grete zu diesem Zeitpunkt bereits in Untersuchungshaft saß, versuchte sie durch einen Kassiber, Hans Merker dazu anzustiften, Frau Schlegel durch Gift zu ermorden, damit diese ihre Unschuld nicht beweisen könnte. Merker folgte Gretes Wunsch nicht.

Anna Richter, Enkelin der Hebamme Therese Kunze. Anna Richter hat für Grete Beier einen anonymen Brief aufgesetzt. Der Brief war an Curt Preßler gerichtet und informierte ihn über das Liebesverhältnis von Grete Beier und Johannes Merker. Der Zweck des Briefes war, Preßler dazu zu bringen, seine Verlobung mit Grete zu lösen, verfehlte ihn jedoch unter anderem durch die Vermittlung von Ida Beier.

Erna Vogt geb. Kröner, Nichte von Anton Kröner, Blumenhändlerin. Ihre Unterschrift fälschte Grete Beier, als sie sich für sie ausgab und in deren Namen das Sparbuch des verstobenen Anton Kröner bei einer Freiberger Bank auflöste.

Berta Winkler, Gretes beste Freundin seit Kindertagen, ist eine von der Autorin für diesen Roman erdachte fiktive Person. Genauso wie die genannten Familienmitglieder von Berta Winkler.

ANMERKUNGEN DER AUTORIN

Jede Geschichte, und ist sie noch so wahr, wird aus verschiedenen Blickwinkeln unterschiedlich erzählt. Wie soll es dann erst mit vergangenen Lebensgeschichten sein, von denen nur noch Briefe, Gerichtsakten und Zeitungsberichte übrig geblieben sind? Vor allem an den Zeitungsberichten, die immerhin zum Zeitpunkt des Geschehens verfasst worden sind, sieht man, wie aus diversen Perspektiven abweichende Berichte zu ein und demselben Fall entstehen können. Selbst einige Namen wurden, wie es den Anschein macht, ganz nach Laune des Verfassers geschrieben, jedoch nicht so, wie die Personen es in ihren Papieren stehen hatten. Was die Schreibweise der Namen angeht, habe ich mich an die Unterlagen aus dem Hauptstadtarchiv Dresden gehalten – in der Regel hatte ich hier Briefkuverts zur Verfügung, die die jeweiligen Personen selbst beschriftet haben, und ich bin davon ausgegangen, dass jeder für sich am besten weiß, wie sein eigener Name geschrieben wird. Dennoch: Trotz tiefer Recherche zu den einzelnen Personen war es mir nicht möglich, alle Namen oder Daten komplett zu ermitteln. So fehlt mir bei Gretes Vater das Geburtsdatum und bei ihrer Mutter Ida Beier gar Geburts- und Todesdatum. Bei Frau Schlegel beispielsweise sind es nicht nur die Daten die fehlen, sondern ebenso der Vorname. Auch bei Gretes erster Liebe,

Fritz Oelzner, ist es das Geburts- und Sterbedatum und sogar über die letzten Lebensjahre ihrer letzten und größten Liebe, Johannes Merker, habe ich nichts herausfinden können. Ich bitte hier um Nachsicht, denn am Ende sind solche Daten nicht ausschlaggebend. Wie erzählt man aber nun eine wahre Geschichte, ohne ins Fabulieren zu geraten, weil sich deren verschiedene Quellen zum Teil sogar widersprechen? Ich hatte das Glück bei meinen Recherchen im Sächsischen Hauptstadtarchiv Dresden zu dem Fall Grete Beier unter der Bestandsnummer 11121 – Staatsanwaltschaft beim Landgericht Freiberg, Nr. 4a, neben diversen Briefen und den Gerichtsakten ein von Grete Beier für das Gericht selbst verfasstes Schreiben zu finden, in dem sie die Vorgänge aus ihrer Sicht heraus geschildert hat. Über ihren Anwalt Dr. Knoll hatte Grete vor ihrem Prozess wegen des Mordes an Curt Preßler diese Selbstdarstellung dem Landgerichtsdirektor Dr. Rudert, dem Vorsitzenden des Schwurgerichts, übergeben lassen. An diesem Schriftstück habe ich mich bei meiner Erzählung orientiert, um dann die Wahrheit – zumindest die, die Grete Beier als solche am Ende empfunden hat – zu erzählen.

QUELLEN

Die Bürgermeistertochter Grete Beier wegen Mordes vor Gericht. In: Münchner Neueste Nachrichten. Nr. 301 (30.06.1908), Seite 4f

Die Bürgermeistertochter Grete Beier vor Gericht. In: Vossische Zeitung. Nr. 262 (05.06.1908), Seite 3

Friedländer: Interessante Kriminal-Prozesse von kulturhistorischer Bedeutung. Darstellung merkwürdiger Strafrechtsfälle aus Gegenwart und Jüngstvergangenheit. Nach eigenen Erlebnissen von Hugo Friedländer. Band 11. Berlin 1911–1921

Glaser: Grete Beier. In: Der Pitaval der Gegenwart. Almanach interessanter Straffälle. Hrsg. R. Frank, G. Roscher, H. Schmidt. Band V Tübingen 1909. Seite 209–281

B.H.: Grete Beier. Die Bürgermeistertochter vor dem Schwurgericht. In: Berliner Tagesblatt, Nr. 325 (29.06.1908), 1. Beiblatt

Landeshauptstadtarchiv Dresden: Bestandsnummer 11121 – Staatsanwaltschaft beim Landgericht Freiberg, diverse Nummern

Lindau: Grete Beier. In: Ders.: Ausflüge ins Criminalistische. München 1909. Seite 111–171

Mordprozeß Grete Beier. In: Hamburger Fremdenblatt. Nr. 152 (01.07.1908), Seite 25 (= 6.Blg.)

Mordprozeß Grete Beier. In: Vossische Zeitung. Jg. 1908. Nr. 302 (30.06.1908). Seite 3

Nerlich: Die Bürgermeistertochter Grete Beier aus Brand. In: Archiv für Kriminal-Anthropologie und Kriminalistik. Band 33, 1909, Seite 145–175

Spranger: Das Lügenspiel, Der Fall Grete Beier, Chemnitzer Verlag, Chemnitz 2004

P.W.: Die Mörderin. In: Berliner Tageblatt, Nr. 330 (01.07.1908), Seite 3

P.W.: Grete Beier. Die Bürgermeistertochter vor dem Schwurgericht. In: Berliner Tagesblatt, Nr. 325 (29.06.1908), 1. Beiblatt

Weiler: Giftmordwissen und Giftmörderinnen: Eine diskursgeschichtliche Studie (Studien und Texte zur Sozialgeschichte der Literatur, Band 65), Tübingen 1998

Kathrin Hanke im Gmeiner-Verlag:

Weitere Bücher von **Kathrin Hanke** finden Sie unter www.gmeiner-verlag.de

SPANNUNG

GMEINER

WWW.GMEINER-VERLAG.DE
Wir machen's spannend

Hans Seelenmeyer
Funky Chicken Blues
Kriminalroman
416 Seiten, 13,5 x 21 cm,
Premiumklappenbroschur
ISBN 978-3-8392-0780-2

Bei Biobauer Manni Macksen ist gerade nichts
funky. Seine Frau zeigt kein Interesse mehr an ihm
und seine Hühner haben aufgehört, Eier zu legen.
Frustriert wünscht er das Federvieh in den Kochtopf.
Die Drohung verhallt nicht ungehört. Angeführt
von ihrem Hahn Che beschließen die Hühner, ihrem
Schicksal zuvorzukommen und Macksen umzubrin-
gen. Schon bald liegt die erste Leiche auf dem Hof.
Das Dumme ist nur, der Bauer ist noch putzmunter.
Damit Macksen nicht selbst in Verdacht gerät, muss
er den Toten loswerden. Nur wie?

GMEINER SPANNUNG

WWW.GMEINER-VERLAG.DE
Wir machen's spannend

Joost Jensen
Dünenkutter
Kriminalroman
352 Seiten, 12,5 x 20,5 cm,
Broschur
ISBN 978-3-8392-0776-5

Unerhört: Die junge Journalistin Fenna Kruskopp
und ihre zahme Möwe Ziepeltrine sollen aus ihrer
geliebten »Villa Kutterbunt«, einem ausrangierten
Kutter in den Borkumer Dünen, ausziehen. Der
Schönheitschirurg Dr. Gerber plant die Eröffnung
einer Beautyklinik auf der Nordseeinsel und für
dieses Bauvorhaben soll der Dünenkutter weichen.
Sie rebelliert gegen ihre Vertreibung, und wenige
Tage später ist der Mediziner tot – ermordet. Fenna,
bekannt für ihre Impulsivität, wird verhaftet. Die
Familie Kruskopp ist entsetzt – und ermittelt auf
eigene Faust.

GMEINER SPANNUNG

WWW.GMEINER-VERLAG.DE
Wir machen's spannend

Gabriele Boschbach
Tote Hummer beißen nicht
Kriminalroman
272 Seiten, 12,5 x 20,5 cm,
Broschur
ISBN 978-3-8392-0788-8

Auf Norderney geht es eigentlich gemächlich zu,
doch als ein Angriff das Luxushotel »Promenaden-
deck« erschüttert, und weitere bizarre Taten folgen,
wird der Inselkommissar Ole Lokeldiek in einen
Strudel aus Intrigen und Missgunst gezogen. Während die Ermittlungen ins Stocken geraten und am
Strand eine Leiche angespült wird, gerät Oles Welt
aus den Fugen. Doch dann stößt er zufällig auf die
unerwartete Wahrheit – und die hat es in sich. Plötzlich wird klar: Nichts ist so, wie es scheint.